KB076274

질문을 주고받으며
나와 친구의
미덕을
찾아내는
우정수업

2022년 10월 20일 처음 펴냄

지은이 이보경
펴낸이 신명철 | 편집 윤정현 | 영업 박철환 | 경영지원 이춘보 | 디자인 최희윤
펴낸곳 (주)우리교육 | 등록 제 313-2001-52호
주소 03993 서울특별시 마포구 월드컵북로 6길 46
전화 02-3142-6770 | 팩스 02-6488-9615 | 홈페이지 www.urikyoyuk.modoo.at

ⓒ 이보경, 2022
ISBN 979-11-92665-09-2 03370

질문을 주고받으며 나와 친구의 미덕을 찾아내는 우정수업

이보경 지음

우리교육

성장주기에 따라 집중해서 교육할 인성 덕목도 다릅니다

2016년 12월 24일, 디스크 수술을 받고 병원에 누워 있었다. 2인용 병실에서 옆 환자가 계속 바뀌었는데, 운신이 가능해진 어느 눈 많이 온 날 나 혼자 병실을 쓰게 되었다. 고요한 병실에 혼자 있으니 자유로움이 느껴졌다. 새벽에 문득 깨어 창밖을 내다보며 사람 하나 없는 병원 밖 풍경에 시선을 두니 마음이 평안했다. 이 순수한 평온을 사람들이 자주 느낀다면 얼마나 좋을까? 고독하지만 살아 있고 건강해짐에 감사하며, 나를 지켜봐 주는 가족이 있다는 묘한 안도감, 그러면서 다시 무엇인가 시작하고 싶다는 의지가 일어났다.

그때 나는 동화 연구를 하며 현장에서 아이들의 마음을 살리려고 노력하는 한 초등학교 선생님의 책 두 권을 열심히 읽는 중이었다. 몸이 회복되면서 두 아이의 엄마로서 더 이상 아프면 안 되겠다는 다짐과 더불어 내년에 만날 아이들과 어떤 책을 함께 읽으며 이야기를 나눠야 할까까지 생각이 미치자, 여러 가지 아이디어가 머리에 떠오르기 시작했다. 그 상념으로 아픈 시간과 혼자 있는 시간을 견딜 수 있었다. 몸이 좀 살만해지니 머릿속으로 가르칠 내용을 기획하다니, 이것도 일종의 긍정적인 직업병 아닌가 싶다.

그림책과 동화책으로 인성교육을 해 보자는 생각은 예전부터 해 왔고, 도덕 시간에 한두 권씩 읽어 주고 수업 자료로 활용한 지는 오래되었다.

통일과 관련하여 가르치면서 《엄마에게》서진선 지음, 보림, 2014 라는 작품을 읽어 준 적이 있다. 읽어 주면서 나도 눈물이 났지만, 한 4학년 남학생이 눈물을 참다가 끝내 흘리는 모습을 보면서 이야기의 힘이 얼마나 센지 확실히 느꼈다.

환경 문제를 생각하게 하기 위해 《양철곰》이기훈 지음, 리잼, 2012 이라는 글 없는 그림책을 넘기며 보여 주었는데, 아이들은 무척 인상적이었나 보다. 한동안 복도에서 나를 만나면 "양철곰 또 보여 주세요." 하면서 따라다니는 아이도 꽤 있었으니 말이다. 이렇게 이야기를 좋아하는 아이들의 마음에 무엇인가 심어 주고 싶다는 생각이 점점 강해졌다.

퇴원 후, 겨울방학 동안 본격적으로 기획해 1학년에서 6학년까지 각 학년 9차시씩 총 54차시의 '인성 수업' 틀을 만들었다. 틀을 만들고 나니, 각 학년 독서력에 맞는 동화를 찾는 것도 중요하지만, 어떤 동화를 어떤 기준으로 제시할 것인지가 고민이 되었다. 2015 개정 교육과정의 '한 학기 한 권 읽기' 운영에 도움되는 책들이 쏟아져 나왔고, 다양한 책을 사 보거나 빌려 보며 정보를 정리하였다.

하지만 책은 수업 시작의 불씨일 뿐이다. 이 귀한 불씨를 살리는 풀무는 교사의 가치관과 구체적인 활동 디자인이다. 예를 들면, 2학년 아이들과 《틀려도 괜찮아》마키타 신지 글, 하세가와 토모코 그림, 유문조 옮김, 토토북, 2006를 읽고 여러 이야기를 나누고 나서, 용기를 갖는 것이 중요하다는 것으로 끝내서는 안 된다. 아이들의 삶과 연결하는 나름의 전략을 짜고 흥미도 생각해야 한다. 그 방법이 《보글보글 마법의 수프》클로드 부종 글·그림, 이경혜 옮김, 웅진주니어, 2006라는 책에서 아이디어를 얻어 주문을 외치는 것이었다. 상담학에서 말하는 마이켄바움의 '자기교시법'이다. 아이들에게 마녀 모자를 쓰고 별 스틱을 들게 한 후 "수리수리 마수리, 내가 떨릴 때, 엄마가 옆에서 나를 안아 주고 있다고 생각하고 힘을 내라, 뿅!" 이렇게 자신만의 전략을 외치도록 하였다. 결국 동화 이야기를 '아이들의 삶과 연결하는 것'이 책을 통해 제대로 인성 수업을 완성하는 것이고 이는 교사의 중요한 역할이다.

그러나 이러한 활동 디자인은 혼자 하기 버겁다. 아이디어의 고갈, 나의 스타일이 가져오는 지루함에서 벗어나고 싶을 때가 있다. 이럴 때마다 환기해 준 것은 나의 오랜 동료인 '마음별두드림 연구회'다. 2012년 수석교사가 되면서부터 운영해 온 '마음별두드림 연구회'는 올해로 9년 차가 되는 도덕, 인성, 상담교육 연구회다. 대부분의 연구회가 그렇겠지만, 처음에는 다양한 수업 모형 개발, 수업 자료 개발로 지극히 과업 지향적인 연구회였다. 덕분에 2017년에는 교육부장관상까지 받는 동아리로 성장했다. 이제는 연구회원들과 동고동락하면서 어느덧 서로의 인생사도 털어놓는 귀한 인연을 이어 가고 있다. 모두가 교양인_{교감/교장 양보인}으로 아이들과의 좋은 수업만 생각하는 멋진 선생님이다. 이분들이 나에게 보여 준 교사로서의 성실성과 책임감이 이 책을 쓰는 데 영감이 되었다. 여유와 이해심의 최고봉 남영분 선생님, 딸을 인터넷 강의만으로 서울대에 합격시킨 아이디어맨 함성자 선생님, 동화 소믈리에 최민성 선생님, 삶에서 신앙심과 성실함을 몸소 보여 주시는 이영주 선생님, 교직계의 마당발이며 빠른 일 처리 능력자 이정숙 선생님, 모두 감사한 인연이다.

2017년부터 전 학년 전교생을 대상으로 인성교육을 기획하고 구체화, 운영하면서 수업 공개를 통해 단순해 보이기 그지없는 프로그램을 정교화해 나갔다. 선생님들이 '마음별두드림' 인성교육의 존재를 서서히 알게 되었다. 아이들을 위해 만든 워크북을 나누기는 하지만, 이것을 수업에서 어떻게 적용하고 어떤 모습으로 운영하는지 궁금해하는 동료가 늘어났다. 그래서 일종의 해설서가 필요하다는 생각이 들었고, 아울러 방법을 알리는 것 이상으로 인성교육이 아이들의 마음에 가 닿고 삶을 변화시키거나 풍요롭게 만들기 위한 기획이 중요하다는 것도 알리고 싶었다.

교과 교육 뿐만 아니라 생활교육도 이제는 '건전한 민주시민을 기르는' 체계성이 필요하다는 것은 모두가 인정하는 것처럼, 인성교육 또한 그러하다. 내가 기획한 인성교육의 체계는 이렇다.

6학년: 진로(꿈 키움)

5학년: 정서(마음 키움)

4학년: 친구(우정 키움)

3학년: 우리(공감 키움)

2학년: 자신감(자존감 키움)

1학년: 나와 주변(다양한 미덕 교육)

이 책은 4년간 이루어진 각 학년별 인성교육에 대한 기획의 소개이자 실천 과정에 대한 보고다. 학년별로 강조된 점을 위해 어떤 자료들을 어떻게 활용했으며. 이 과정에서 아이들의 반응은 어떠했는지 쉽게 풀어내려고 노력하였다. 아울러 25년간 교직 경험을 통해 학년별 발달 특징 및 인성교육 영역에서 이슈가 되는 것들에 대한 나름의 견해도 적어 보았다.

해마다 학교에서 교육과정 운영에 대한 전반적인 평가나 의견들을 들어 보면, 교육과 관련된 모든 구성원이 한결같이 '인성교육'을 가장 많이 이야기한다. 그런데도 구체적인 가치나 실천에 대한 논의는 많지 않다. 이 책이 인성교육 실천 방법의 한 갈래를 안내하고, 더 나은 인성교육 실천을 위한 풀무가 되기를 소망한다.

인간다움을 끌어내고, 인간다움을 잃지 않으며, 인간다운 삶을 선택하면서 자신과 타인의 삶을 행복하게 만드는 '참사람'을 길러내는 인성교육을 조금이나마 시도한 노력의 결과물이라고 자부한다. 결과로서가 아니라 성장 과정의 한 지점에서 이만큼 정리했다는 것에 대해 스스로를 도닥이며, 다른 동료나 학부모가 새로운 인성교육에 대한 영감을 떠올리는 한자락 단서가 되길 바란다.

이 책이 나오기까지, 가장 고마운 사람들은 따뜻한 마음을 갖고 열정적으로 수업에 참여해 준 풍산초와 오마초 학생들이다. 학생들과 다양한 활동을 하도록 지원해 주신 교장 선생님, 교감 선생님, 그리고 관심 있게 지켜봐 준 동료 선생님들께도 감사하다. 무엇보다 이 책을 편집하느라 고생하신 윤정현 편집장님을 비롯한 우리교육의 모든 선생님께 고개 숙여 감사드린다.

차례

우정 수업 후에
메타버스를 소통의 공간으로 활용하여 더 넓은 세상을 경험하기를

11살, 지적 호기심과
자의식이 발달하는 나이

    학년마다 전반적인 특성이 있고, 해마다 아이들의 느낌도 다
르다. 학년말이 되면 교사들은 다음 해 몇 학년을 선택할 것인가
를 두고 한 해 동안 아이들이 어땠는지 동료 간에 정보를 주고받
는다. 사건 사고가 유난히 많은 학년은 기피 학년이다. 특히 학부
모 민원이 잦은 학년은 교사들이 맡기를 꺼린다. 한두 달도 아니
고 일 년을 함께 지내면서 계속 스트레스가 쌓이게 되어 교사가
소진되는 것을 생각한다면, 교사들이 다음 해 맡을 학년을 고민
하는 것은 일면 수긍하게 된다.

    특별한 경우를 제외하면 교사들이 가장 무난하다고 생각하
는 학년은 4학년이다. 자기 이야기를 하는 데 몰두하는 1, 2학년
을 지나, 3학년은 아직 어리고, 4학년은 센스가 발달하기 시작해,
교사의 농담이나 말귀를 잘 알아듣는다. 날카로운 비판적 사고
력도 지녀서 수업 시간에 탐구적인 아이들이 등장하다 보니 교
사로서 수업 시간이 재미있다. 지식에 대한 호기심도 생기고 적
당히 장난기도 있으며, 의젓해야 할 때는 의젓한 가장 초등생다

운 나이다. 자의식이 발달해 발표를 꺼리는 5, 6학년에 비하면 발표도 잘하고 성실하며 상황의 맥락을 고려하여 행동하고 주장하니 참 예쁘다. 심부름을 시켜도 상황에 맞게 대처하며 임무를 완수하는 융통성과 유연성도 보인다.

하지만, 요즘 '초4병'이라는 말이 유행할 정도로 초등 4학년부터 사춘기다운 행동이 나타나 어른들을 당황하게 한다. 부모에게 숨기는 것도 많아지고, 친구와의 갈등도 많아진다. 그리고 본격적으로 학업 관련 사교육을 받는 아이들이 늘어나면서 다양한 스트레스로 아이들이 예민해지는 모습을 보인다.

한때 '4학년 때 모든 학습이 결정된다'는 말이 유행했다. 4학년 때 공부할 아이와 그렇지 않을 아이가 결정된다면서, 대학 입학을 교육의 최우선 목표로 하는 '대입 종말론적 세계관'을 가진 우리나라의 기현상에 편승하여, 이때부터 영재교육, 선수학습, 학습전략 등등 갖가지 말로 아이들의 미래를 예단하려는 어른들이 있었다. 위험한 발언이지만, 달리 생각해 보면 그만큼 4학년 때 지적 호기심을 보이는 학생들이 등장함을 뜻할 것이다.

딸이 4학년이었을 때 있었던 일이다. 어느 날 퇴근했더니 불도 안 켠 어두운 방에 아이가 앉아 있었다.

"무슨 일 있었어?"

"내가 너무 바보 같아. 3학년 때까지는 나보다 똑똑한 애가 반에 없었는데, 4학년 되니까 사회 시간이나 과학 시간에 나보다 똑똑한 애들이 있어서 너무 속상해. 걔네는 어떻게 그렇게 많이 알지?"

한 분야에 대해 어른만큼 박식한 친구가 있는데, 부럽다 못해 충격을 받은 것 같았다. 딸은 교과서 이상의 지식을 이야기하는 친구들을 보면서 열등감을 느낀 듯했다.

"나도 그렇게 되고 싶은데 방법을 모르겠어."

참고로 6학년 때 검사한, 딸의 MBTI 유형은 INTJ였다. 독립적인 사색가로 매사를 진지하게 탐구하는 이론가, 과학자형이다. 그래서 한 분야에서 아는 것이 많은 친구를 보며 더욱 충격받았을 것이다.

속으로는 당황했지만, 이것이 4학년 아이의 전형적인 특징이구나 싶었다. 친구들의 지적인 우월함을 부러워하고, 자신도 그렇게 되고 싶어 하는 시기다.

"그 친구들은 평소에 어떻게 공부하는지 물어봤어?"

"걔넨 책을 아주 많이 읽어. 사회면 사회, 역사면 역사, 과학이면 과학에서 뛰어나긴 한데 다른 부분은 잘 못 하기는 해."

"너도 잘하는 것이 있잖아?"

딸은 조금 생각하다가 표정이 좀 누그러졌다.

"그림은 내가 제일 잘 그리지. 하지만, 나도 걔네처럼 똑똑해지고 싶어. 내가 우연히 도서관에 갔는데 걔가 거기서 역사책을 읽고 있더라고. 나도 틈나면 도서관에 가서 책을 읽어야겠어."

4학년은 친구들을 관찰하며 친구들 특성에 자신의 행동을 비추어보고 자율적으로 행동 방향을 결정할 힘이 있다. 정도의 차이는 있지만, 교사로서의 경험이나 아이를 키우는 부모로서 느끼는 4학년의 특징은 우선 지적 호기심이 왕성하다는 점이다.

그래서 지식이나 개념에 대한 질문을 많이 하고, 모범적인 친구들을 배우려는 열의가 있다.

이러한 지적 호기심의 시작과 더불어 두드러지는 점은 또래 관계의 변화다. 1, 2학년 때는 노는 아이들이 친구다. 따로 베프베스트 프렌드를 만들지는 않는다. 고학년 선배들을 따라 베프를 만들고 같이 다니면서 흉내를 내는 조숙한 1, 2학년이 있기는 하지만, 그냥 놀다 보면 친구가 되는 아이가 훨씬 많다.

하지만 3학년 때부터 직감적으로 나와 맞는 아이와 그렇지 않은 아이가 있음을 느끼고, 조금씩 맞는 친구들과 어울린다. 4학년 때는 본격적으로 나와 맞는 아이를 넘어서 친구들 사이에 공고한 그룹을 형성하기 시작한다. 이 그룹이란, 단짝일 수도 있지만, 암묵적인 위계가 있는 그룹을 뜻한다. 한번 그룹이 형성되면 나중에 끼기가 어렵다. 그래서 4학년 때 전학 오면 적응하기가 쉽지 않다. 내 아들의 경우가 그러하였다. 전학 온 아이는 다른 학부모도 그렇게 호의적으로 바라보지 않는 것 같다. 어쩌면 어른들의 배타적인 마음이 아이들에게도 전달되는 듯하다. 나와 맞는 친구, 친구 간의 비밀이 본격적으로 생기기 시작하다 보니 자연스럽게 파벌이 형성된다. 1, 2학년 때 엄마가 억지로 마련해준 친구 관계가 아니라 내가 좋아하는 친구들이다. 이 상황에서 전학생으로 새로운 학교에 간다는 것은 외로운 섬이 될 가능성이 크다. 4학년 때 형성된 또래 관계나 위계는 6학년 때까지 이어지는 경우가 대부분이기에 전학으로 인한 스트레스를 덜 받으려면 3학년 전이 무난하다는 불문율이 있다.

더불어 이성 간에 호기심도 많아진다. 4학년 1학기 때까지는 이성 간에 스스럼없이 노는 것 같은데, 2학기가 되면서 이성으로 친구 그룹이 나뉘고 파벌이 형성되는 듯 어울려 논다. 동성 간에 끈끈한 만큼 이성 간에 관심은 더 많아진다. 좋아하지만 친구들의 시선을 의식하여 다가가지 못하고 좋은 감정을 품고 바라보는 짝사랑에 빠진 학생도 있다. 이때부터 누가 누구랑 사귄다는 소문이 본격적으로 퍼지기도 한다. 단짝 이상의 그룹 형성이 많아질수록 학급 분위기가 좋지 않은 것은 맞다.

평화로운 학급 풍토를 만들려면 교사는 학급구성원 간의 전체적인 유대감을 강화하면서 배려하고 존중하는 따뜻한 분위기를 조성해야 한다. 하지만 유대감을 넘어 지나친 응집력_{누군가를 중심으로 모이는 것}을 보이는 그룹이 있으면 깨야 한다. 그것도 이른 시기에 말이다. 이미 형성되었는데 그룹을 해체하려고 하면 반발이 있고 더 강하게 응집할 수도 있다. 초기에 비상식적으로 흐르는 결속력을 보이는 그룹을 깨고 의도적으로 다양한 모둠 구성 및 활동을 통해 아이들이 서로의 다양함을 이해하고 존중하게 하는 기초를 마련해야 한다. 4학년 때 경험하는 상호 교류와 예의는 이후 대인 관계의 기본이 되지 않을까 싶다.

4학년의 또래 응집성이 강해지는 것은 로렌스 콜버그 Lawrence Kohlberg가 말한 도덕성 발달 단계와도 관련이 있다. 벌 받는 것이 무서워 규칙을 지키는 3~7세를 지나, 나 또는 내 주변 사람에게 도움이 되면 그것이 도덕이라고 생각하는 내로남불_{내가 하면 로맨스 남이 하면 불륜이라는 속된 말을 줄인 표현}의 8~10세까지도 인간은 여전히 결과에 따라 도덕적 판단을 하고 자기 중심성에서 벗어나지 못한다. 그러다가 11~12세에 들어서면서 내가 속한 가족이나 집단, 국가의 기대나 기준에 근거하여 규칙을 지키려는 인습 수준에 들어서는데, 특히 11~12세에는 가족이나 친구와의 신뢰, 의리를 중요시한다. 콜버그와 쌍벽을 이루는 캐럴 길리건Carol Gilligan 또한 이맘때가 되면 타인과의 관계를 중요시하면서 책임과 배려를 도덕적 판단 기준으로 삼기 시작한다고 말한다. 11~12세에는 특히 또래 관계에 관심이 커지는데, 도덕성 또한 의리, 신뢰를 중요시하는 시기인지라 더더욱 또래 간의 '우리'라는 응집성은 강해진다.

이 응집성은 교사가 잘 이용하면 우리 반의 유대감을 강화하면서 학급 분위기를 좋게 하는 수단이 될 수도 있지만, 구심점이 되는 아이들이 교사의 통제를 벗어나려고 하거나 숨어서 친구들을 움직이는 존재들이라면 상황이 달라진다. 이런 아이들을 중심으로 하는 응집은 따돌림 문화를 형성하거나 학급 전체의 결속력을 약하게 할 수 있다. 교사는 우리 반에 숨은 여왕벌이나 여왕개미를 찾아야 하고 그 아이들을 내 편으로 만들어야 하는 묘한 권력 게임에 놓일 수도 있다. 이러한 집단 역학을 파악하는 일이 4학년 때부터 시작이 되는데, 요즘은 이 분위기가 3학년으로 내려간 것 같기도 하다. 개인뿐만 아니라 소집단, 전체 집단을 모두 살펴야 하기에 교사는 인간 개인뿐만 아니라 집단에 대한 이해, 인간이라는 존재에 대한 인문학적 지식이 있어야 한다.

4학년이 매력적인 이유는 아이들의 이타성이 본격적으로 발달하기 때문이다. 이타성이란 타인의 행복에 관심을 두고 배려하는 심리적 특성을 말한다. 이러한 이타성은 친 사회적 행동으로 나타나기 시작한다. 친구를 배려하고 친절하게 대하며 정의롭고 공평하게 대할 줄 안다. 또한 4학년 때는 '사회적 조망 수용 능력'이 발달하여 타인의 관점에서 상황을 바라볼 뿐만 아니라 제삼자의 객관적인 시각에서 상황을 파악할 줄 알게 된다. 가끔 4학년 아이들을 보노라면 이 아이들의 순수한 도덕성이 변하지 않고 이대로 계속 갔으면 좋겠다는 생각도 든다.

물론 아이들이 이렇게 저절로 도덕성이 발달하고 이타성을 갖고, 제3자의 입장까지도 생각하게 되는 것은 아니다. 교사가 실생활 속에서 일어나는 다양한 딜레마를 함께 고민하고 갈등을 풀어 가는 과정에서 정서나 사회성이 더욱 견고하게 발달하게 된다. 무엇보다 또래 관계에 집착하면서 응집력을 강화하다 보면 배타성이 발달할 수 있기에 나와 다른 사람들의 개성과 다양성을 수용하는 교육도 시작해야 한다.

아이가 1, 2학년 때는 부모의 기준으로 친구를 보고 사람을 판단한다. 그러나 4학년이 되면서 상대의 입장과 제삼자의 공정한 시각을 갖추기 시작하면서 자기만의 판단 기준을 갖춘다. 이럴 때 우리는 어른으로서 '톨레랑스 교육'을 적극적으로 해야 한다. 나와 마주한 사람을 한 인격체로 존중하고 고유한 인격체로서 포용한다는 뜻이다. 나와 다른 인종, 장애가 있는 사람들, 나아가 나와 성 정체성이 다른 사람들을 인정하는 것이다. 사실 상대방에 대한 깊은 이해는 그 입장에 뛰어들어 보는 것, 경계를 구분하지 않고 대하는 '노마디즘'임을 말하기도 하는데, 이것은 다양한 경험과 지식을 습득한 후에 스스로 도달하게 된다.

톨레랑스를 좀 더 쉽게 말하자면, '함께 살기', '타인에 대한 존중'이다. 이 바탕에는 나와 다른 것을 발견하면 자연스럽게 느끼는 배척의 마음을 스스로 성찰하고 경계하는 것에서 시작된다.

이렇게 아름다운 4학년 인성교육을 '우정 수업'이라고 명명하고, 또래 관계 형성과 관련된 내용으로 구성하였다. 학교는 공부하러 다닌다. 그러나 이 공부에는 친구를 사귀는 방법에 대한 인생 공부도 포함된다. 내 편 네 편을 가르는 과정에서 배타성이 생기고, 자의식이 생기다 보니 비교하면서 열등감이 생기기도 한다. 이 과정에서 존중이라는 가치를 놓치면 본의 아니게 편견이 생겨 친구를 무시할 수도 있다. 세상을 알려고 하는 지적인 꿈틀거림과 친구들을 사귀면서 사람과의 상호작용을 이해하게 되는 아름다운 4학년 시기, 장난기와 의젓함이 묘하게 얽힌 매력적인 4학년을 위해, 사람 관계가 다양함을 알고 그것을 이해하고 존중하는 태도를 심어 주는 인성교육이 필요하다.

4학년 우정 키우기

차시	영역	활동명	비고
0	친구 (시작)	미덕과 만나요	미덕의 의미 미덕 실천 방법
1	친구 (시작)	서로 친해져요	서로 소개하기 이웃 사랑 게임
2	친구 (편견 극복)	누구나 친구가 될 수 있다!	《폭풍우 치는 밤에》 인터뷰 활동 수호천사 정하기
3	친구 (배려의 말)	말로 전하는 마음	《낱말 공장 나라》 아름다운 말의 소중함 듣고 싶은 말
4	친구 (사려의 말)	사실과 진실 사이	《나는 사실대로 말했을 뿐이야》 사려 있는 말
5	친구 (소외된 친구1)	괴롭힘을 당할 만한 친구가 있는가?	《내 탓이 아니야》 함께 토의 괴롭힘 예방 방법
6	친구 (소외된 친구2)	나도 이유가 있다고!	《아기늑대 삼 형제와 못된 돼지》 모의법정 활동
7	가족 (진실한 가족애)	이해는 안 되지만 사랑하는 그들	《멀쩡한 이유정》의 〈할아버지 숙제〉 편 가족에 대한 이해
8	친구 (다양성 이해)	나와 다른 사람들	《샌드위치 바꿔 먹기》 관용의 실천
9	친구 (우의)	서로의 수호천사 되기	수호천사 밝히기 칭찬 팔찌 전달하기
10	친구 (우의)	진정한 우정	《여우》 친구를 사귀는 올바른 방법 우정과 괴롭힘 사이

0차시
미덕과 만나요

왜 버츄인가?

　해마다 학교별로 교육과정 설문 조사를 하면 '인성교육' 부재에 관해 이야기를 많이 한다. 하지만 교사들이 각자 다른 색깔로 접근해서 쉽게 인지하지 못할 뿐, 항상 인성교육을 하고 있다. 쉽게는 교사의 사례를 들어 대화하듯 이야기하기도 하고, 교사가 선별한 영상을 보여 주고 이야기를 나누거나 나처럼 동화나 시, 노래 등을 활용하여 직간접적으로 무엇인가를 느끼게 하려고 애를 쓴다. 인성교육 방법은 다양하지만, 쉽게 생각하면 인간다움의 교육이다. 이 인간다움에 대해서는 각인각색으로 이야기한다. 고전을 섭렵해서 공부하고 쉽게 풀어쓰는 것을 잘하시는 혜민 스님은 감성, 영성, 지성을 말한다. 지성, 감성에 이어 영성 교육이라니 인성교육의 깊이는 끝이 없구나 싶다.

　최근 내가 독서로 만난* 인간교육은 4단 교육이다. 즉, 맹자는 인간이라면 꼭 지녀야 할 선한 마음으로 측은지심측은해하는 마음, 수오지심부끄러워하는 마음, 사양지심겸손하여 사양하는 마음, 시비지심옳고 그름을 가리는 마음을 말한다. 이 네 가지 마음이 덕과 연결되어, "측은지심은 인仁의 단서, 수오지심은 의義의 단서, 사양지심은 예禮의 단서이며, 시비지심은 지智의 단서다."라고 말하는데, 여기서 단서의 단端은 아직은 차가운 초봄에 대지를 뚫고 나오는 푸른 새싹이라고 한다. 즉, 인의예지라는 씨앗에서 측은지심, 수오지심, 사양지심, 시비지심이라는 새싹이 나온다는 것이다. 물론 이러한 씨앗은 저절로 나오지 않는다. 각각을 실천해야 인간의 성품이 발현된다. 좀 어려운 말이다.

내가 나름대로 생각한 것은 이렇다. 예를 들어 인仁이라는 씨앗은 인간 누구나 가지고 태어난다. 이것이 배움과 실천의 과정을 통해서 측은해하는 마음이 발현되고 비로소 인을 갖춘 인간의 본성을 회복한다. 이렇게 살아야 한다는 선현의 배움이나 이를 적극적으로 실천하도록 하는 주변의 안내가 필요하다는 말이다. 물론 이런 과정 없이도 측은지심을 발휘하는 선한 사람도 있다. 그러나 그들도 학교나 책이 아니더라도 주위에서 누군가에게 영향을 받았을 가능성이 있지 않을까. 이러한 깊은 철학은 다양한 교과를 통해 교육된다. 하지만 그럼에도 불구하고 여전히 인성교육은 제대로 되고 있지 않다고 여기저기서 탄식한다.

상담 교육에 관심을 두다가 도덕, 인성 등 보편적인 인간의

---

* 강신주,《철학이 필요한 시간》, 사계절, 2011.

본성과 관련한 교육을 고민할 무렵, 만난 것이 바로 미덕 교육이다.

미덕美德을 의미하는 버츄virtue는 힘, 능력, 위력, 에너지를 의미하는 라틴어의 비르투스virtus에서 비롯되었다. 미덕은 인류 사회를 관통하는 보편적인 가치다. 종교적이든 세속적이든 모든 전통에서는 미덕이 삶의 궁극적 의미와 직결된 정신적 가치라고 가르친다. 우리가 익히 들은 사랑, 감사, 신뢰, 정직, 정의, 배려 등등은 우리가 갖춰야 할 덕목으로 알고 있고, 이것을 미덕으로 표현하는 것이다.

미덕은 인간의 성품人性이라는 광산에 존재하는 최상의 보석으로, 모든 인간이 원석의 형태로 지니고 태어나는 본래의 자질이다. 이 미덕은 우리의 마음에 숨겨져 있다. 인간은 누구나 감사, 사랑, 용서, 정의, 배려 등의 미덕을 연마하여 자신의 인성을 계발할 능력을 지니고 있다. 매일 수없이 하는 선택과 결정의 바탕에 미덕을 둔다면, 우리의 인성을 일깨울 수 있다. 교육을 통해서 아이들이 이 미덕을 발휘하도록 돕고, 어른도 스스로 끝없이 갈고 닦아야 한다.

미덕 교육의 기초는 서로에게 미덕의 보석이 빛나고 있음을 발견하고, 그 미덕을 자신의 것으로 만들 능력이 있다는 것을 격려하는 것이다. 이 과정이 바로 버츄 프로젝트다.

버츄 프로젝트를 통해 자신의 미덕 파악하기

2012년 처음 미덕을 깊이 있게 접했다. 수석 교사가 되어 도덕과 수업을 집중적으로 하면서 심도 있는 인성교육 자료가 필요했고, 이왕이면 강사FT 과정까지 마치자는 목표로 참가하였다. 참가자 중 교사는 드물었고, 대안학교 교사, 상담사, 복지사, 인력개발관련자 심지어 결혼을 앞둔 부부까지 다양한 구성원들과 함께 활동했다. 힘든 6학년 담임을 하면서 처음 상담 전공을 택했던 그때의 심정처럼, 애초에 학생들을 위해 배우기 시작한 미덕은 어느덧 나 자신을 들여다보는 거울이 되었다. 52가지 미덕 속에 내 인생, 마음, 아픔, 바람 등이 고스란히 드러나며 나를 추스르고 정비하는 계기가 되었다.

버츄 프로젝트의 가장 큰 힘은 인간에 대한 믿음과 잠재된 선한 본성을 일깨우기 위한 '긍정'에 초점을 두는 것에 있다. 마지막 단계 교육 워크숍에 참가할 때였다. 아직은 엄마 손이 필요한 아이들을 남편에게 맡기고 황금 같은 주말에 교육받기 위해 교육장으로 향했다. 그날따라 바쁘게 나오느라 행색에 별로 신경 쓰지 못해 한없이 초라한 차림으로 대중교통을 이용하여 어렵게 참가하였다. 비 오듯 흐르는 땀을 대강 말리고 들어서니 서로를 소개하는 시간이었다. 모둠원과 서로 자기소개를 하고 내가 전체 앞에서 내 모둠원들을 소개했다. 대표로 내 모둠원들을 소개하자, 바로 우리 모둠의 다른 사람들도 내게서 발견한 미덕을 피드백해 주었다. 그들이 나에게 주는 미덕은 '너그러움'이나

'평온함'일 것으로 생각했다.

그러나 사람들이 나에게 주는 피드백은 '탁월함'이었다.

"겉으로 보았을 때는 사실 무척 평범해 보였어요. (웃음) 하지만 일단 마이크를 잡으니 목소리와 태도가 달라지는 것을 보고 깜짝 놀랐습니다. 자신감과 말하는 것에서 '탁월함'의 미덕이 느껴졌습니다."

그 말에 마음이 찌릿해졌다. 몇 달 전 나는 부인과 수술_{다행히 암은 아니었지만}로 몸이 많이 축나 있었고, 수석 교사로 자리 잡는 과정에 마음의 상처도 적잖이 받으면서 자존감이 엄청나게 떨어진 상태였다. 나는 마음을 다스리는 교육을 받으며 이런 상황을 나름대로 극복하려고 노력했다. 그런데 '탁월함'이라는 피드백을 받는 순간 나의 삶이 주마등처럼 지나더니 터진 상처가 꿰매어지는 기분이 들었다. 아울러 사람들이 나의 열정과 노력을 알아보는구나 싶어서 진정으로 감사했다. 모둠 구성원들의 좋은 점을 찾으려는 선한 관찰을 계속했고, 나 또한 사람들의 좋은 점을 찾으려고 노력하면서 마음이 풍성해짐을 느꼈다. 서로를 향한 따뜻한 시선과 마음을 느끼는 소중한 시간이었고, 이후 자존감이 떨어지는 기분이 들어 힘들 때면, 이 순간을 떠올린다.

'가장 어두운 순간'을 말하는 과정에서 나의 고통스러웠던 순간과 직면하고 더 나아가 나에게 필요했던 미덕이 무엇이었는지 성찰하는 기회를 가졌다. 또한 어두웠던 그 순간 극복을 위해 발휘한 힘이 무엇이었는지 미덕으로 표현하면서 나 자신의 숨겨진 에너지를 발견할 수 있었다. 모든 삶의 순간에는 밝음과 어둠이 함께한다. 밝음의 순간에도 배울 것이고 있고, 실패와 좌절의 순간에도 그러하다. 특히 좌절의 순간, 내가 어떻게 해야 했다는 방법상의 후회보다는 실수하고 비난받는 순간에도 끌어낼 수 있는 나의 선한 미덕이 무엇인지 찾아내면서 마음이 치유되어 가는 느낌이었다. 삶을 살아가는 태도를 재정비하고 더 큰 '나'로 성장하는 배움의 기회이자 의미 있는 작업이었다.

그밖에 미덕의 언어로 말하는 방법, 배움의 순간을 인식하는 방법, 자신과 대인관계, 학급 운영에서 미덕의 울타리를 치는 방법, 미덕의 방패로 나의 정신적 가치를 지키는 방법, 마지막으로 대인관계에서 깊이 있는 상담이 진행될 때 정신적 동반을 제공하는 방법 등으로 많은 시간 참여자들과 FT 과정을 함께하면서 영성이 강화되는 듯한 희열을 느꼈다.

지금도 가끔 지갑에 넣어둔 미덕 52가지를 들여다보며 유난히 눈에 들어오는 미덕에 집중하면서 나에게 주는 의미를 생각한다. 순간적이고 감각적인 자극에 집중하는 동물적인 감성에 익숙한 우리 아이들에게, 인간의 깊은 품성, 자신의 마음속에 숨어 있는 선한 감성의 언어를 끌어내는 기회를 지속해서 부여하는 것은 매우 중요하다.

미덕을 소개합니다

아이들에게 미덕을 소개할 때 먼저 '마음의 별'에 관해서 이야기를 시작한다. 갑작스레 별에 대해서 이야기하면 아이들은 어리둥절해한다. 고민 끝에 내가 생각해 낸 것은 다빈치의 '최후의 만찬' 제작과정 이야기다.

레오나르도 다빈치, '최후의 만찬', 1491~1498년,
이탈리아 밀라노 산타마리아 델레그라치에 성당의 식당 벽화

"여러분, 이 그림 본 적 있어요?"

6학년 중에는 용케 말하는 아이가 있는데, 4학년 중에도 이 작품을 알아보는 아이가 있다. 레오나르도 다빈치가 작가이고 그가 '모나리자'를 그린 사람이라는 것까지 말하는 상식이 풍부한 아이도 있다.

"오호, 대단한데? 이 작품이 어떤 장면일까요?"

아이들을 집중시키려면 처음부터 조곤조곤 설명하는 것보다 질문으로 이어가는 것이 좋다. 답을 알면서 하는 질문을 보통 '발문'이라고 하는데, 발문을 어떻게 하느냐에 따라 수업 흐름이나 분위기가 달라지기에 교사들은 매우 고심해서 발문을 생각한다.

"선생님, 예수님이 제자들이랑 마지막으로 식사하는 장면이에요."

"오, 맞아! 예수님이 골고다 언덕을 올라 십자가에 못 박히기 전에 제자들과 마지막으로 식사하는 장면인데, 이때 예수님은 두 가지 폭탄 발언을 하지."

아이들은 폭탄 발언이라는 말에 더 집중해서 듣는다.

"하나는, '나는 곧 십자가에 못 박히게 될 것이다' 그리고, '너희 중에 나를 배신하는 사람이 있을 것이다'."

"맞아요, 유다가 예수님을 팔았어요."

"알고 있네요. 그 후로 예수님의 예언처럼 예수님을 부인하는 제자들이 나오지…. 얘들아, 그런데 오해하지 말아 줘. 선생님은 기독교인은 아니야."

"기독교인이 뭐예요?"

"응, 예수님이나 하나님을 믿으며 교회 다니는 사람들. 하지만 선생님은 예수님을 아주 존경합니다."

예전에 크리스마스 전날만 되면 '벤허'윌리엄 와일러, 1959와 더불어 예수님의 일대기를 다룬 영화들이 종종 방영되었다. 학창시절 영화에서 예수님이 면류관을 쓴 채 피를 흘리며 자신이 못 박힐 십자가를 어깨에 메고 골고다 언덕을 힘겹게 올라가는 장면을 본 적이 있다. 그 장면에서 눈을 떼지 못하고 눈물을 흘리며 신이 아닌 한 인간으로서 얼마나 고통스러웠을까, 하고 마음

아파했던 기억이 생생하다. 크리스마스가 되면 산타할아버지보다 이 장면이 자연스럽게 떠오른다.

"그런데, 여러분. 레오나르도 다빈치가 이 그림을 그릴 때 누구부터 그렸을까?"

상식적으로 예수님을 먼저 그렸을 것이라고 누구든 생각할 것이다. 맞는 말이다. 그러나 예수님이 가장 중요한 사람이어서가 아니었다. 다빈치가 그린 이 그림은 실험정신으로 가득 차 있다. 이전에도 '최후의 만찬' 그림은 화가들의 단골 소재였는데, 다빈치의 작품은 이전에 그려진 최후의 만찬과는 사뭇 다르다. 당시 그림 풍에 대한 편견을 깨야 했기에 의뢰한 사람들을 설득하느라 7년이라는 긴 기간이 걸렸다.

예수님을 크게 그리거나 중심에 범접하지 못할 존재로 그려 놓은 이전까지의 작품과 달리 인물들은 매우 인간적이고 역동적으로 그려져 있다. 원근법을 활용하여 자연스럽게 시선을 고뇌에 찬 예수님으로 향하게 한다. '인간성의 회복'이라는 르네상스 시대를 대표하는 정신이 그림에도 잘 나타나 있다. 이 과정에서 다른 제자들을 3~4명으로 묶어 지금 막 재현되는 장면처럼 생생하게 그리기 전에 소실점의 중심인 예수님을 먼저 그린 것이다.

"예수님을 먼저 그렸어요. 그런데 레오나르도 다빈치는 예수님을 본 적이 없는데, 어떻게 예수님을 그렸을까?"

아이들은 "상상해서 그렸다.", "누군가 이미 그린 것을 보고 따라 그렸다." 등 다양한 이야기를 한다.

"다빈치는 마을 사람들에게 물었지. 이 마을에서 가장 선하고 인자한 사람을 추천해 달라고. 그리고 그 사람을 모델로 해서 완성했어요. 자, 이제 누구를 마지막에 그릴까?"

"가룟 유다요. 가장 나쁜 사람을 찾아야겠네요."

자신의 스승을 팔아넘긴 유다는 결국 자살로 생을 마감했지만, 그한테도 어떤 인간적인 고민이 있었을 것이다. 그의 배신을 두둔하는 것은 결코 아니지만 말이다. 가끔 알 수 없는 자기 아집에 빠져 사랑하는 사람을 끔찍하게 배신한 경우는 역사상 종종 있었다.

"응, 맞아. 그럼 가장 나쁜 사람이 있는 곳이 어디죠?"

"교도소, 감옥이요."

"그래서 로마에서 가장 나쁜 죄수만 모아놓은 감옥에 가서 사형을 앞둔 험악한 죄수를 모델로 유다를 그리고 떠나려는데, 그 죄수가 다빈치를 잡는 거야. '당신 오랜만이요. 나를 모르시겠소?' 그러자 다빈치가 '당신 같은 흉악한 사람을 내가 어찌 알겠소.' 하면서 기분 나빠했지. 그 죄수는 말해…."

이미 눈치챈 아이도 있지만 대부분은 무슨 일인가 궁금해한다.

"당신이 7년 전 그린 예수 모습의 모델이 바로 나였소."

아이들은 '헉' 하며 일순간 조용해진다.

"와, 어쩌다 그리되었대요."

"그러게, 어쩌다 그렇게 되었을까요? 그렇게 선해서 추앙받던 사람이 7년이 지나 사형을 받는 흉악한 사람이 되다니."

나는 아이들에게 정말 하고 싶은 말을 한다.

'최후의 만찬' 속 예수님(오른쪽)과 유다(왼쪽)

"사실 우리 마음속에는 아름다운 별이 있어요. 여러분 마음의 별은 크기가 어느 정도 되나요?"

아이들은 수줍게 작은 하트를 만들거나 자신 있게 두 손을 크게 휘젓는다.

"와, 어떤 친구는 이 교실만 하다고 하네요? 우리 마음속 별은, 다 예쁘게 태어나는데 그 별을 돌보고 닦지 않으면 희미해지고, 나중에는 죽어서 사라져요. 별이 죽으면 어떻게 되지요?"

"음, 블랙홀이요!"

과학 상식을 자랑하는 아이들이 열심히 블랙홀을 설명한다. 웜홀, 화이트홀까지 말하려는 태세를 취하는 아이도 있다.

"그래요, 블랙홀. 별이 죽으면 중력이라고 끌어들이는 힘만 남는데, 이 힘이 주변의 다른 별까지 잡아먹어요. 마치 나쁜 사람처럼. 우리는 이런 별이 되지 않도록, 마음의 별이 잠자거나 사라지지 않도록 돌봐야 하는데… '마음별아, 일어나 어서 일어나'

하면 일어나지나?"

아이들은 깨우는 시늉을 하는 나를 보며 어이없다는 듯이 웃는다.

"이 별을 가만히 들여다보면 사랑, 겸손, 이해, 감사, 행복, 배려, 친절, 예의 등 52가지 이상의 많은 마음이 옹기종기 있어요. 이것을 아름다운 마음인 '미덕'이라고 해요. 이제부터 이 미덕을 깨우기 위해 일주일에 한 번씩 선생님을 만나면서 하나씩 더 반짝이도록 두드려 봅시다."

수업 활동 _ 미덕 실천하기

"아, 그래서 선생님이 주신 공책 이름이 '마음별 두드림'이구나!"

4학년인지라 미덕을 이야기할 때 쉽게 이해하는 것을 넘어서, 마음별 두드림이 어떤 의미인지 찾아내기까지 한다. 마음별에 대해서 한바탕 이야기한 후 학습장 맨 앞에 있는 버츄 노트를 어떻게 쓸 것인지 설명한다.

"이번 주에 지킬 미덕을 하나 뽑아요. 그리고 그 미덕을 어떻게 깨울지 구체적인 실천 방법을 쓰면 됩니다. 예를 들어 '용기'라는 미덕을 뽑고 '부끄럽지만 하루에 세 번씩 꼭 발표하겠다.' 이렇게 쓰는 것이지요. 그리고 다음 주에 선생님을 만나면 바로 공책을 펴고 한 주 동안 잘 지켰나 생각해 보고, 지킨 정도를 표

미덕의 보석들

감사	배려	유연성	창의성
결의	봉사	이상 품기	책임감
겸손	사랑	이해	청결
관용	사려	인내	초연
근면	상냥함	인정	충직
기뻐함	소신	자율	친절
기지	신뢰	절도	탁월함
끈기	신용	정돈	평온함
너그러움	열정	정의로움	한결같음
도움	예의	정직	헌신
명예	용기	존중	협동
목적의식	용서	중용	화합
믿음직함	우의	진실함	확신

시하고 또 새로운 미덕을 뽑으면 돼요."

"저는 하루에 발표를 열 번은 넘게 하는데요?"

"그럼, 승우는 다른 미덕을 뽑으면 되겠네요."

몇 년 동안 미덕을 선택하고 실천 방법을 쓰라고 하는데 신기하게도 지겨워하는 아이가 없다. 쓰는 순간 분위기가 경건해지기까지 할 때도 있다. 이 미덕 노트를 꾸준히 쓰도록 했더니, 끝나갈 즈음에 장난꾸러기 둘이 이런 말을 한다.

"나 이거 쓰니까 내가 착해지는 거 같아."

"나도, 그래."

나 들으라고 하는 소리인지는 모르겠지만, 아이들은 미덕을 꾸준히 캐내는 이 과정의 가치를 본능적으로 알고 있음을 느낀다.

이 미덕은 아이들을 칭찬할 때도, 꾸중할 때도 사용할 수 있다.

"어머, 우리 상수는 예의의 미덕이 멋지구나."

"은아야, 용기의 미덕을 발휘해 주어서 고마워."

"규현아, 네가 주변을 활기차게 만드는 유머의 미덕을 발휘하는 것은 좋아. 그런데 수업 중 선생님이 말할 때는 선생님 말을 끊지 말고 들으며 존중해 주었으면 좋겠어. 지금 선생님 말을 평온하게 잘 들어 주어서 고맙네."

말을 거칠게 하고 욕을 일상어처럼 사용하는 아이가 늘고 있다. 게임을 하거나 유튜브의 좋지 않은 콘텐츠를 접하며 아이들이 더욱 그렇게 되는 것 같다. 이런 말들이 전두엽 기능을 마비시키며, 뇌를 위축시키고 우울감에 빠지게 한다는 등 많은 연구 결과가 발표되며 아이들의 언어 습관과 관련하여 우려를 제기하고 있다. '하지 말아라', '그러면 못 쓴다'는 말도 할 수 있지만, 긍정적인 말로 칭찬하고 격려하며, 선한 말로 행동을 수정하고 나아가도록 한다면 어떨까? 착함을 가르치려면 착한 말을 써야 하지 않을까? 그런 의미에서 미덕은 아이들의 마음 밭에 착한 씨앗을 심는 소중한 작업이라는 생각이 든다. 아니면, 이미

나의 버츄 노트

날짜	뽑은 덕목	실천 계획	실천정도 (◎. ○. △)
3/6	끈기	모든 일을 포기하지 않고 끝까지 노력해보았다.	◎ _
	이해	나와 다른 친구는 이해해 보겠다.	◎
3/13	책임감	맡은 일을 책임감 있게 해내겠다.	◎
	겸손	내가 잘하는 것이 있어라도 겸손한 자세를 갖겠다.	◎
3/20	청결	단정한 옷을 입고, 샤워를 잘 하겠다.	◎
	정돈	내 방 정리정돈을 잘 하겠다.	△
3/27	인정	나와 다른 사람들도 인정하겠다.	◎
	이해	상대방에게 친절하게 대하고 좋은 점은 함께 하겠다.	○
4/8	인내	도서관에서 1학년 어린이 잘 모르도 안내를 끝고 알려다.	◎
	친절	친구들에게 친절히 대한다.	○
4/10	봉사	나에게 득이 없더라도 많은 것을 돕자.	◎
	용기	모든 것에 겁내지 않고 도전하겠다.	○
4/18	용서	나에게 잘못한 사람이 있으면 사과를 받고 용서하겠다.	◎
	도움	많은 사람들에게 도움을 주겠다.	◎
4/24	정직	다른 사람에게 잘못을 하면 솔직해지겠다.	◎
	존중	다른 사람을 존중하겠다.	○
5/8	협동	다른 사람과 컴퓨터 팀워크를 잘 불어(가)내겠다	◎
	확신	다른 사람을 의심하지 않고 확신을 갖겠다.	
5/15	신뢰	다른 사람을 의심하지 않고 신뢰를 갖겠다	◎
	진실함	거짓말을 하지 않고 진실해지겠다.	◎

미덕 실천 노트

가지고 있는 인의예지를 비롯한 소중한 인간성의 씨앗들이 자라나도록 하는 거름이며 바람, 물일 것이다.

1차시
서로 친해져요

스스로 자리에 앉지 못하는 아이들

아이들이 인성 수업 시간에 오기 전, 열심히 책상을 좌우와 뒤로 밀고 의자만 빼내어 원형을 만든다. 수업에 들어온 아이들은 어리둥절한 표정이다. 의자에 앉으라고 하니 아이들은 영락없이 끼리끼리 앉는다. 남자끼리 여자끼리, 친한 아이끼리 말이다. 강제로 자리를 잡아 주거나 따로 떼어 놓으면 아이들은 원망하는 표정으로 날 바라본다. 그 원망으로 인해 첫인상을 나쁘게 보이고 싶지 않았다. 수업 시작은 서로 간의 라포르rapport부터 이루어지니까 말이다. 그리고 아이들에게 잠시 자유를 주고 싶었다. 그래서 우선은 자유롭게 앉도록 안내한다.

그러나 '마음대로 자리 앉기'라는 주어진 자유 속에서 아이들은 다양한 모습을 보인다. 고민하는 모습, 몇 명은 그 이상의 당황, 누구와 앉아야 하는가의 망설임, 원하는 친구가 다른 친구와 앉게 된 것에 서운함, 배신감 등을 보이기도 한다. 그래도 나는 이 과정이 아이들의 자율성을 기르는 것이라고 생각했다. 그러나 이로 인해 고통스러워하는 아이들이 있음에 당황했다.

5학년 인성교육 시간이었다. 어떤 담임 선생님이 나에게 어렵게 말을 꺼냈다. 어떤 엄마에게 민원 전화를 받았단다. 인성교육 시간에 아이들이 자유롭게 앉도록 해서 아이가 마음의 상처를 받았다고 말이다. 그래서 자리를 지정해 달라는 주문이었다. 가끔 자유롭게 앉는 과정에서 "야호!"하며 신나게 원하는 자리에 앉는 아이도 있지만, 어쩔 줄 몰라 하거나 무표정하게 뒤에서 서성이던 아이들 얼굴이 떠올랐다. 조금 방황하다가 대부분 앉았고, 이런 것이 경험이라고 생각했다. 1주일에 한 시간인데, 이런 자유가 아이들의 숨통을 트이게 할 것이라고 생각했다. 하지만 이런 민원을 받으면서 나의 오산일 수도 있음을 깨달았다.

서먹하지만 낯선 친구들과도 어울리고, 나와 잘 맞지 않는 친구들과 소통하고 이해하려는 시도 자체를 어려워하는 아이가 점점 늘고 있다. 2010년 한국청소년정책연구원에서 조사한 자료에 의하면 '우리나라 학생들의 지적 능력은 세계 2위지만, 사회적 상호작용 능력은 35위'라고 한다. 10년 이상 지난 현재도 이 조사 결과는 여전히 유효하며 오히려 심화하지 않았을까 싶다. 코로나 대유행이라는 상황으로 인지발달뿐만 아니라 정서나 사회성 발달이 많이 지체되고 있다는 우려가 여기저기서 제기되는 상황 이전부터 우리 아이들은 사회성에서 적신호를 보이고 있었다.

어쩌다 이렇게 되었을까? 생각의 한편에서 OECD 통계에서 그 원인의 단서를 나름 찾을 수 있었다. 사회관계를 경험한 기회가 별로 없는, 이를테면 사회관계 결핍지수가 매우 높은 것이다.

예전에는 새 옷을 못 사 입거나 끼니를 제때 먹지 못하는 등, 물질적 어려움으로 인한 결핍을 겪었지만, 최근 2019년 기준에는 생일이나 가족행사 같은 이벤트나 친구 초대 기회, 여가활동이 없는 등 사회관계를 경험할 기회가 줄어들어 결핍을 느낀다는 것이다. 이런 상태가 지속되면 아동의 인지·정서, 창의성, 사회성 등의 발달에 악영향을 줄 것이다.

아이들은 분명 사회성이 낮아지고 있다. 코로나 대유행을 겪으며 이러한 사회성 결핍은 모든 아이에게 더욱 심해졌다. 자율적으로 판단하고 스스로 선택하는 능력, 특히 대인관계에서 두드러진다. 1학년 때부터 엄마가 정해 준 아이들과 정해 준 공간에서 주로 공원 각자의 엄마가 보는 앞에서 논다. 사람을 사귀고 그 관계를 유지하고 갈등이 있을 때 해결하는 일련의 과정에 보호자의 입김이 세질수록 아이들의 자율성은 줄어든다. 고학년이 시작되면서 더 이상 아이들은 엄마나 아빠가 정해 주는 아이들과 놀지 않는다. 그리고 학업 성장을 위해 여기저기 학원에 다니다 보면, 또 남은 시간에 스마트폰 게임 삼매경에 빠져 있다 보면 친구들과 실제 교류할 시간은 별로 없다. 공동체성이 강조되는 시기인데 공동체성이 줄어들고 있다.

안타까운 것은 사회관계의 결핍이 이제는 흉이 아닌 시대가 되었고, 주문마저도 비대면으로 하고 찾기만 하는 시스템으로 변하면서 더 이상 사람과 사람이 맞닿지 않는 것을 당연시하는 풍조로 바뀌고 있다. 마치 그것이 세련된 미래 사회를 반영하는 것처럼 뉴스로 보도한다. 아울러 메타버스라는 아직 개념이 모호한 용어를 써 가며 온라인에서의 만남이 오프라인에서의 만남을 대체하는 시대가 왔다며 호들갑을 떤다.

어른도 이러한데 아이들이 사회성 및 정서 관리에 소홀해지는 것은 당연하다. 나 또한 아이들에게 엘리베이터에서 이웃을 만나면 먼저 인사하라고 가르치면서도, 실제로는 엘리베이터에서 누구와 눈도 마주치지 않으려고 노력할 때도 있다. 가끔 용기 내어 낯선 이웃에게 인사하는데, 반응이 없거나 뻘쭘해하면 어느 순간부터 조용히 있게 된다. 마치 아무도 없는 것처럼 가만히, 이웃 간의 예의인 듯해서 층수를 나타내는 숫자가 변하는 것을 물끄러미 바라보며, 숨죽이고 엘리베이터에 있을 때도 있다. 내 변명일 수도 있지만, 시대가 서로에게 간섭하지 말라고 권하고 있다. '신경 끄기를 권하는 사회'가 되었다.

아무튼 가끔 있는 학부모의 민원이 피곤하고 스스로 자리를 찾아 앉을 줄도 모르는 수동적인 아이들의 당황을 챙기기도 어려워 이제는 첫 시간부터 자리를 정해 준다. 소수의 상처를 생각하며 교사로서 신념을 철회할 때가 종종 있다. 이런 자리 배치의 경우 어떤 것이 옳을까? 주어진 자유를 누리지 못하는 아이의 소심함이 안타까웠지만, 맘대로 앉기를 좋아하는 아이만큼 상처입고 불안해하는 아이가 있으니 소수를 배려할 수밖에 없다. 공동체성을 기르기 위해 교사들이 고민하는 이유 중 하나다.

수업 활동 _ 나를 소개합니다

'이웃을 사랑하십니까' 게임 전에 '존중'이라는 단 한 가지 규칙을 이야기한다. 이 안에 친구들에 대한 존중, 교사에 대한 존중, 나에 대한 존중까지 있음을 아이들에게 간단히 알린다. 그러고 나서 자기소개를 위해 학습장을 작성한다. 간단하게 쓰고, 3분 동안 친구들과 만나서 서로를 소개한다.

아이들이 1대 1로 만나서 서로 학습장을 교환한다. 학습장을 보고 궁금한 점 한 가지를 질문한다. 예를 들면, "너는 좋아하는 것을 요리라고 했는데, 언제부터 요리해 봤어?", "너는 축구를 좋아하네? 축구선수 누굴 좋아하니?", "넌 게임을 잘한다고 했네? 어떤 게임 잘해?", "너는 지금 기분이 좀 지루하다고 했는데, 왜 지루해?" 등등 아이들은 서로에게 질문한다. 이런 질문 연습은 앞으로 있을 다양한 질문 놀이의 기초가 된다. 서로 질문하고 답변하며 소통하는 모습을 보노라면, 아이들 얼굴은 어느덧 함박웃음을 짓고 있다. 그만큼 사람은 기본적으로 '사회적 동물'이고 서로 교류를 원하는 것이다.

서로를 소개하는 방법을 좀 더 활기 있게 진행할 수도 있다. 나의 장난기가 발동해서 아이들에게 "첫날이니 시험부터 봐야지?"하며 아이들을 깜짝 놀라게 한다. 놀라서 토끼 눈이 된 아이들을 바라보며 〈마음별 두드림〉 노트에 있는 질문지를 제시하면 아이들은 안심과 흥미로움이 깃든 눈빛을 보낸다.

활동1. 우리 서로 소개해요

(   )초등학교 (   )학년 (   )반 이름:

난, 이런 사람입니다~!

나의 이름은

나의 흥미(좋아하는 거),
특기(잘하는 거)
내가 좋아하는 것은
내가 잘하는 것은

나의 현재 감정은

내가 만난 친구들 사인(이름) 받기

내가 고치고 싶은 점

새 학년이 되어 나의 목표는

활동2. 친구와의 합 맞추기

나와의 인터뷰 (질문에 답을 쓰세요)		유유상종 (같은 답을 쓴 친구 이름 쓰기. 없으면 말고)
1. 사과가 좋아 배가 좋아?	(사과)	개똥, 소똥
2. 맑은 날이 좋아 흐린 날이 좋아?	(흐린 날)	말똥
3. 피자가 좋아 치킨이 좋아?	( )	
4. 세종대왕이 좋아 이순신 장군이 좋아?	( )	
5. 블랙핑크가 좋아 BTS가 좋아?	( )	
6. 게임이 좋아 유튜브가 좋아?	( )	
7. 좋아하는 과목은?	( )	
8. 산이 좋아 바다가 좋아?	( )	

아이들은 금방 쓸 것 같으면서도 곧이어 당황스러운 질문이 이어진다.

"둘 다 좋으면 어째요?"

"둘 다 싫으면 어떻게 해요?"

"블랙핑크도 모르고 BTS도 모르는데요?"

그럼 나는 좋은 질문이라며 오히려 선수를 친다.

"둘 다 좋으면 더 좋은 것으로, 둘 다 싫으면 덜 싫은 것으로, 블랙핑크와 BTS를 전혀 모르면 이름 보고 느낌 좋은 것으로 찍고, 그래도 모르면 네 글자가 좋은지 세 글자가 좋은지로 찍어요."

나의 말에 아이들은 어이없어 하면서도 진지하게 답변하려는 모습이 귀엽다.

아이들이 어느 정도 작성했을 즈음, 나는 네 명씩 묶어서 아이들에게 이름을 붙여 준다. 1, 2, 3, 4나 봄, 여름, 가을, 겨울로 붙이다가 재미없어서, '개똥이, 소똥이, 말똥이, 닭똥이'로 붙이며 네 명을 묶어 한 모둠씩 만들었다. 그러자 아이 대부분이 당황하며 웃는다.

"선생님, 왜 똥을 붙여요?"

그럼 난 심드렁하게 말한다.

"여러분 똥 좋아하잖아. 똥 얘기만 하면 신나게 똥똥 거리던데?"

나의 심술모드를 직감하고 아이들은 재미있다는 듯 받아들인다. 이렇게 이름을 붙여서 설명하는 이유는, 몇 년간 모둠 역할을 설명하는 과정에서 아이들이 집중을 잘 못한다고 느꼈기 때문이다. 의외의 말, 인상적인 말을 넣으면 아이들이 같은 내용이어도 집중을 잘하는 것을 경험하고 시도했는데, 의외로 잘 먹혔다.

"자, 여기 개똥, 소똥, 말똥, 닭똥이가 서로 얼굴을 마주하고 모여요. 그러고 나서 서로 물어보는 거야. 예를 들면, 1번 답을 서로 말하면서 유유상종 칸에 나와 같은 것을 좋아하는 사람들을 적는 거야."

PPT로 예시를 보여 주니 잘 이해한다.

"그럼, 이제 3분의 시간을 줄 거예요. 가장 빨리 하는 모둠은 초콜릿, 가장 늦게 하는 모둠은⋯ 엉이 페스티벌엉덩이로 이름 쓰기!"

나에겐 '초코엉이 선생님'이란 별명이 있다. 열심히 하는 아이들에게는 초콜릿을, 꾀를 부리는 아이들에게는 '엉이 페스티벌'에 초대한다고 말했더니 아이들이 붙여 줬다. 한 번도 엉덩이로 이름 쓰기를 시킨 적이 없는데도 아이들은 이 말에 "아, 안 돼" 하며 열심히 집중한다. 나의 농담에도 열심히 반응해 주는 아이들이 너무나 고맙다.

활동이 끝나면 모둠별로 모둠원 전체의 합이 똑같았던 것을 묻는다. 대체로 서너 항목이 맞고, 한 개 정도만 같았던 모둠도

유유상종 찾기

있다.

"그렇구나. 친구가 나와 다른 것을 좋아할 때, '쟤는 왜 저래?' 이런 적 있어요?"

아이들은 눈을 동그랗게 뜨고 그런 적 없다, 그래서는 안 된다고 말한다.

"그러게, 내가 치킨을 좋아한다고 피자 좋아하는 아이를 따돌리고 차별하는 것은 치사한 짓이지요. 친구와의 합 맞추기를 왜 했을까요?"

아이들은 용케도 나의 의도를 알아챈다. '우리는 서로가 다르다'는 것을, '다르다는 것은 틀린 것이 아니라'는 것을 말이다.

활동이 끝나고 이번에는 두 명씩 짝을 지어서 서로에 관해 많은 것을 알아내라고 안내한다. 4학년이지만, 5학년 못지않게 경청하고 공감하며 대화하는 것의 중요함을 잘 알고 있다. 그리고 어떻게 해야 하는지도 금방 알아챈다.

"개똥이와 소똥이가 짝, 말똥이와 닭똥이가 짝이 됩니다. 개똥이가 소똥이에게 1분 30초 동안 다양한 질문을 하면서 소똥이에 대해서 알아내세요. 말똥이도 닭똥이에게 질문하고요. 선생님이 바꾸라고 하면 이번에는 반대로 질문하면 됩니다. 들은 내용을 머릿속에 잘 담으세요. 들을 때는 절대 쓰면 안 됩니다. 대화가 끝난 후 바로 들은 내용을 기억해서 기록할 거예요."

서로를 탐색하는 대화 시간이다. 이런 대화 시간을 많이 가져서 아이들의 상호작용을 늘리려고 노력한다. 코로나 대유행 이후 또래 관계를 맺는 것이 서툴고, 그래서 그런지 민원 또한 끝이 없다. 내 아이에 대한 불안 때문이라는 것은 이해가 간다. 진정한 대화나 관계 맺음의 시간이 적었다가 학교에 와서 친해지는 방법을 터득하는 데 시간이 걸릴 수밖에 없는데, 학부모들이 불안함에 그 기간을 기다리지 못하니 안타깝다. 학교로서는 이런 대화 활동 기회를 많이 주면서 아이들이 좀 더 서로를 이해하도록 하는 수밖에 없다.

서로를 알아 가는 대화 시간

이성에 대한 수줍음이 많아지는 시기지만, 남녀로 짝지어 주어도 아이들 대부분 열심히 대화한다. 동성끼리 짝지어 주는 것보다 더 진지하게 대화하는 것을 보면서, 아이들이 겉으로는 반항하는 것처럼 보이더라도, 이성간에 상호작용할 기회를 많이 주는 것이 좋겠다는 생각을 많이 한다. 서로 다른 사람과 자주 만나고 대화하고 상호작용하는 것이 코로나 이후 무너진 아이들의 정서와 사회성을 길러 주는 가장 안전하고 가장 좋은 방법이기 때문이다. 그렇게 스며들 듯 아이들은 서로를 이해하고 다름을 인정해 가는 것이다.

수업 활동 _ 자리 바꾸기 게임으로 친해지기

활동3. '이웃을 사랑합니까'

1. 둥그렇게 앉습니다.

2. 술래가 한 사람에게 다가가 '당신의 이웃을 사랑합니까'라고 물어봅니다.

3. 질문받은 사람이 '예'라고 대답하면 양 옆에 앉은 두 사람만 자리를 바꿉니다. 이때 술래는 자리가 나는 순간 얼른 앉아야 합니다.

4. 질문받은 사람이 '아니오'라고 대답하면, '어떤 이웃을 좋아합니까?'라고 묻습니다. 그럼 질문받은 사람이 자리를 바꿀 사람을 큰 소리로 말합니다. (예: 성이 '이 씨'인 사람이요, 양말이 흰색인 사람이요, 등등….)

5. 질문받은 사람이 말한 내용에 해당하는 사람은 자기 자리가 아닌 다른 자리로 이동해서 앉아야 합니다. 이때 술래도 얼른 자리를 차지해야 합니다. 자리를 차지하지 못한 사람이 술래가 되고 2~5회 반복합니다.

'이웃을 사랑합니까' 게임을 위해서는 자리를 둥그렇게 배치해야 한다. 원형으로 앉는 것은 누구랑 앉는 것과 상관이 없고, 모두가 동등한 위치라서 자주 활용한다. '멘사'라는 '둥근 테이블'은 천재들에게만 적용되는 것이 아니다. '우리는 서로 동등하다'는 메시지를 주는 교육은 교사의 백 마디 말보다 활동을 자주 하는 것이 더 효율적이고 효과적이다.

소개 활동 후 '이웃을 사랑하십니까' 게임을 한다. 술래가 서 있고, 나머지는 둥글게 자리를 차지하고 앉아 있다. 술래가 앉아 있는 아이 한 명에게 가서 묻는다.

"이웃을 사랑하십니까?"

만약 질문을 받은 사람이 "예" 하고 대답하면 그 사람과 양옆에 앉은 이웃까지, 총 세 명이 자리를 바꾸어야 하고 그 틈을 타서 술래가 자리에 앉는다.

대답이 "아니요"면 술래가 다시 묻는다. "어떤 이웃을 사랑하십니까?" 이 질문을 받은 아이는 많은 수의 아이가 움직일 수 있는 조건을 걸어 말한다. 예를 들면 "안경 쓴 사람을 사랑합니다." 하면 안경 쓴 사람만 일어나서 지금 자리가 아닌 다른 자리로 이동한다. 이때 술래는 조건에 해당하는 친구들이 자리를 찾아 혼란해진 틈을 타서 빈자리에 앉으면 된다.

이 활동을 하다 보면, 아이들의 창의성도 엿볼 수 있다. 머리에 핀을 꽂은 사람, 윗옷이 파란색인 사람, 반바지를 입은 사람, 옷에 영어가 쓰여 있는 사람 등 아이들은 겉에 드러나는 모습을 주로 말한다. 그런데 가끔, 이름에 '기역ㄱ' 자가 들어가는 사람, 엄마한테 잔소리를 들어 본 사람, 지금 재미있는 사람, 아이돌 ○○를 좋아하는 사람 등 생각지 못한 조건을 말하는 아이가 있다. 사고를 확장하는 그 순간, 다차원적인 수평적 사고, 유연한 사고에서 유창성이 나온다는 생각이 든다.

나는 아이들이 모범적으로 반응하면 왠지 장난기가 생긴다. 그래서 머뭇머뭇하는 아이들에게 내가 쓴 비장의 카드를 준다. "팬티 입은 사람", "거짓말을 해 본 사람", "10kg 이상 되는 사람", "150살까지 살 거 같은 사람" 등 유머가 담긴 말을 해 보려고 노력한다. 교사가 재치 있거나 실소가 나올 정도로 썰렁한 주문을 하면 아이들의 웃음을 끌어낼 수 있고, 여기서 'ice breaking'이 시작된다.

상담을 공부하지 않더라도, 관계에서 라포르가 중요하다는 것은 많이 알려져 있다. 상담에서뿐만 아니라 수업에서도 라포르 형성이 중요하다. 친밀감 정도로 해석하는 이 말에는 사실 여러 가지 뜻이 담겼다. 된장국의 맛과 같다고 할까? 된장국에는 감자, 호박, 양파, 고추, 팽이버섯, 바지락 등 다양한 재료가 들어간다. 교사의 학생에 대한 긍정적 존중, 공감적 이해, 수용적 태도, 구체적이고 이해하기 쉬운 말 등은 정말 중요한 재료이고 이것들이 된장국의 맛을 좋게 한다. 그러나 된장국 맛의 본질은 된장이다. 이 된장을 '진실성'이라고 하자. 전문가지만 아이들 앞에서는 전문가인 체하지 않고, 교사가 따뜻한 모습을 보이면, 아이들은 안정감을 느끼고 수업 중에 조금씩 자신을 드러내는 용기를 발휘하고 배움에 참여한다.

인성교육만큼 참여가 중요한 수업이 있을까? 강압으로 열리지 않고, 보이지도 않는 아이들의 마음의 문을 열어야 하므로 쉬운 듯 어려운 것이 인성 수업이다. 이렇게 중요한 된장국과 같은 라포르가 형성된 순간, 된장국의 풍미는 너무나 그윽하다. 아이들 마음에 '저 선생님과 공부하면 재미있겠다. 그리고 배울 점도 있겠네.'라는 생각이 일어날 것이고, 교사인 나 또한 '으흠, 이 녀석들 활기찬 연어 같군. 그래, 이런 에너지가 있으니 수업이 재미있겠다. 기대되는걸.' 하고 미소 짓는 그 순간이 가장 그윽한 라포르라는 맛을 느끼게 되는 소중하고 귀한 시간이다.

활동 후 소감

보정쌤을 오랜만에 만나서
반가웠고, 친구들이 자신
을 소개 할 때 보이는 것과
다른 의외로 적은 친구
가 많이서 놀랐다. 그래
서 내가 물어보지 않으면
아무리 오래있어도 친구들
을 잘 알수없다는 걸

메모1

느꼈다. 또 '이웃을 사랑하
니까?' 활동을 내 기
으로는 처음해봤는데 너
무 재미있었고, 많이 술
래가 된 친구도 그냥
봐주셔서 선생님이 자
비로우시다고 생각했다.

활동 후 소감

활동을 한고난후의 내 소감.
나의소감은 친구들과오늘 싸워서
기분이 좋지않았는데 다시 사이좋게
친하게 지낼수있을것같고 함께
앞으로의 우리의 추억을 쌓는
친구들이 되면 좋겠다. 오늘의 당신의
이웃이란 게임은 친구들과 더
친하게 지낼수 있는 게임 인걸
앞수 있었다

메모1 또 친구들과의

좋은 추억도 쌓고 좋은 게임.
좋은기분 좋은 일로 게임이
마무리 되었는데 앞으로도
이러한 게임을 자주 하고싶고

오늘 보정 선생님을 다시 만나
기뻤다. 3학년에 다시
뵙을 줄 알았는데...

'서로 친해져요' 활동 후 소감

누구나 친구가 될 수 있어요!

선입견 없이 사람을 보는 것

절친이니 베프니 하는 말이 유난히 많이 나오는 4학년이다. 1, 2학년 때는 두루 친하게 지내거나 그때그때 만나는 친구와 노는 것이 자연스러웠던 아이들이 3, 4학년이 되면 서서히 친구를 가린다. 나와 맞는 친구가 누구인지를 생각한다는 것이다. 어른들의 속된 친구 기준 즉, 사회적 경제 수준에 맞는 친구를 의미하는 것이 아니다. 나와 마음이 맞는 친구와 지속적인 관계를 맺다 보니 점점 편해지면서 그 친구와 끈끈한 우정이 생기는 것이다. 다른 어른들처럼 나 또한 "그 아이 공부 잘하니?", "그 아이 어느 아파트 사니?", "그 아이 엄마 아빠는 직업이 뭐야?" 등을 물을 수 있지만, 난 아이가 친구를 사귄다고 하면 나도 모르게, "그 친구 착하니?"부터 묻게 된다.

착하다는 말은 무엇인까? 지금은 어리숙해서 남에게 이용당하기에 십상이라는 와전된 표현으로 사용되기도 하지만, 사실

착하다는 것은 매우 좋은 말이다. 우리가 아는 여러 덕목 중 배려와 진실, 사려, 상냥함 등을 떠올릴 수 있는데 이런 마음 씀씀이를 지니는 것은 사실 쉽지 않다.

3학년을 가르칠 때의 일이다. 우리 반 중 한 아이가 학기 중에 해외 유학을 가게 되었다. 떠나는 마당인데도 아이의 어머니는 일부러 인사를 왔다. 보내면서 매우 아쉬웠다. 반 아이들 모두가 인정하는 마음 착한 아이였다. 항상 표정이 밝고, 신중하며, 수업에는 열심히 참여하고, 할 일은 부지런히 하며, 순하면서도 정의감과 의리가 있는 보기 드문 학생이었다. 착하게 보이기 위해서가 아니라 본바탕이 선한 아이였다. 같이 있으면 마음이 따뜻해지는 기품이 있었다. 아이들도 그렇게 느꼈던 것 같다. 착하다는 그 아이를 함부로 건드리는 아이가 없었다. 말없이 빙긋이 웃고, 못된 아이들이 가끔 소리를 지르면 쳐다보다가 고개를 숙이며 말을 아꼈다. 무언의 신호가 묵직했다. 그 아이가 한번 "그러면 안 될 것 같아." 하면 아이들이 주춤했고, 아이들은 그 아이를 매우 좋아했다. 심지어 존경하는 아이도 있었다. 그 힘이 어디에서 나오는지 내내 궁금하기도 했고, 그런 아이가 우리 반인 것이 감사할 정도였다. 아이 엄마에게 어쩜 그렇게 아이를 잘 키우셨냐고 물어보았다.

"늦둥이로 임신했는데, 정말 착한 아이로 기르고 싶었어요. 아이 태교를 위해서 김수환 추기경님, 법정 스님 찾아다니며 열심히 말씀을 들었어요."

아이의 엄마는 빙긋이 웃었다.

임신하고 일부러 피아노를 배우고, 수학 정석을 풀고 영어 공부를 하거나 좋은 태담을 듣는다는 말은 들었지만, 일부러 우리나라 종교계의 정신적 지주들을 찾아다니며 설교와 설법을 들었다는 것이 참 신선했다. 그 어머니의 말을 들으며 아이를 바르게 키운다는 것은 정성과 엄마의 선한 마음이 바탕이 된다는 것을 새삼 느꼈다.

'착하다'의 뜻이 남에게 잘 이용당하는 사람을 희화화하는 말로서가 아니라, 뜻 그대로 얼마나 힘이 있는 말인지 그 아이를 통해서 배웠다. 아울러 아이들은 인기 많은 친구를 사귀고 싶어 하지만 은연중에 착한 아이들을 좋아한다는 것도 새삼 느꼈다. 평안함, 편한 사람은 누구나 좋아할 것이다. 문득 인간은 이런 마음을 본래부터 지니고 태어나는지 아니면 길러지는지, 그것도 아니면 근본적으로 악한데 교육과 사회제도의 힘으로 통제되는 것인지 생각해 보았다.

개인적으로 본래 착함을 지니고 태어나는데, 사회적인 상황들에 의해서 착함의 본질이 흐려진다고 믿는다. 그리고 꺼내어 갈고 닦지 않으면 발휘되지 않는 마음이 '착함'과 그 덕목들이라고 믿고 싶다. 물론 사회가 도덕적이면 노력하지 않아도 아이들은 자연스럽게 선을 실천할 것이다. 하지만 사회에는 선과 악이 공존하니 애써 선으로 안내할 필요가 커지고 있다고 생각한다. 어떻든 그런 선한 마음들이 만나서 기회가 되면 누구든 친해질 수 있다고 믿는다.

'가부와 메이 이야기'라는 부제가 달린 《폭풍우 치는 밤에》기무라 유이치  지음, 아베 히로시 그림, 김정화 옮김, 미래엔아이세움, 2005를 읽으며 작가의 생각과 내 생각이 비슷하다는 느낌을 받았다. 선입견과 편견에서 벗어날 수 있다면 누구와도 친구가 될 수 있다. 심지어 천적인 염소와 늑대 사이에도 말이다.

책 표지를 보고 이야기를 나누면서 수업을 시작한다. 역시나 아이들은 직관적인 면이 강하다. 내가 생각지도 못한 것을 용케 찾아낸다. 등장하는 염소와 늑대의 몸집은 엇비슷하게 그려졌는데, 그림자는 늑대의 이빨이 두드러지고 덩치도 매우 크게 그려져 있다. 무슨 의미일까? 대단한 것은 아이들이 이것을 발견했다는 것이다.

"그림자는 엄청 무서운데, 밑에 애들은 귀엽다!"

"그러네? 왜 이렇게 그렸을까?"

그림자를 보니 문득, 플라톤의 동굴의 우상이 생각났다. 결박된 채 동굴의 벽만을 보고 사는 대부분의 사람은 바로 뒤의 빛과 실재를 보지 못하고 동굴 벽면에 비치는 그림자를 통해 세상과 사람을 이해하려고 한다. 당연히 왜곡될 수밖에 없다. 이 왜곡 속에서 우리는 그 그림자가 실재인 양 믿으며 산다. 결국, 편견과 선입견, 호도된 진실 속에서 살아간다. 우리가 공부하는 이유는, 결박을 풀고 스스로 빛이 있는 쪽을 바라보며당연히 고통이 따른다 참된 실재를 접하려는 노력일 것이다.

더 많이 알수록 편견과 아집에서 벗어날 수 있을 텐데, 안타깝게도 많이 배운 사람들이 편견이 심한 경우도 가끔 만나게 된다. 아무튼 결박에서 벗어나 스스로 동굴에서 나오려는 이 과정이 교육이고 성찰일 것이다. 실재와 허구 세계의 차이를 깨달은 자만이 자유로울 수 있다. 플라톤의 동굴의 우상이나 베이컨의 우상이나 모두 참된 모습을 보라고 한다. 그러나 이 과정이 고통스럽다. 헤르만 헤세도《데미안》이라는 작품에서 알을 깨고 나오는 새처럼, 태어나려는 자는 한 세계를 부수어야 한다고도 했다. 기존에 경험을 통해 나름대로 갖춘 나의 신념, 기준을 바꾼다는 것이 쉽겠는가? 비폭력 대화NVC에서도 평화적인 대화를 위한 1단계인 관찰이 얼마나 어려운지 말한다. 판단 없이 있는 그대로 관찰하고, 수용한다는 것은 아주 어린 아이거나 세상 풍파를 겪은 사람이거나, 혹은 다양한 내외적 경험과 의도적인 훈련으로 가능하지 않을까 싶다.

사실 나 또한 머리로만 공부해서인지, 편안한 상황에서는 좀 되는 듯하나 스트레스를 받아 예민한 상황에서는 공격적인 말들이 튀어나온다. 평생 수련해야 할 듯하다. 학문이나 정치적인 분야에서는 어느 정도 감수성이 있어서인지 진실과 거짓을 곧잘 구별하고, 내용 너머 다른 부분을 잘 감지하는 편이다. 하지만, 인간관계에서는 이 점이 어렵다. 그나마 보호 관찰소에서 여러 청소년을 만나고 사람을 많이 접하다 보니, 편견 없이 사람을 보는 눈은 조금이나마 생긴 것 같다. 아울러 상황에 의해서 나약

한 인간으로서 범죄를 저지른 아이보다, 많이 배우고 사회적 지위가 있음에도 불구하고 아집에 싸여 남을 교묘히 조종하는 더 나쁜 사람이 있음을 살면서 경험했다.

인간은 가난하든 그렇지 않든, 겉이 흉하건 말끔하건 그것이 그 사람의 진실을 파악하는 실체일 수는 없다. '인간은 인간에게 늑대다'라는 영국 철학자 토머스 홉스의 말처럼, 분명 인간에게는 악한 면이 있다. 그러나 숨겨진 선함도 크고, 각자 선한 진심을 가지고 있음을 믿는다. 그리고 이런 믿음은 편견 없이 사람을 바라볼 때 가능하다. 다양한 사람을 만나며 나름 터득한 사람 보는 눈을 아이들에게 알려 주고 싶었다. 그래서 선택한 책이 《폭풍우 치는 밤에》다.

4학년은 친구를 사귈 때 사회적 관계 속에서 서서히 그 아이의 위치를 생각하며 사귀는 모습도 보인다. 반에서 얼마나 인기가 있는지_{마치 어른이 그 아이의 부모가 뭘 하는 사람들인지 알려는 것처럼} 보고 그 친구를 사귀려고 노력하는 모습을 보인다. 5학년 때는 그것이 더욱 심해지고, 인기 그룹에 편입하려고 갖은 애를 쓰는 안타까운 아이도 종종 만난다. 그래서 전학을 가더라도 4학년 이전에 가는 것이 아이를 위해 좋다는 말을 듣게 되는 것 같다. 따라서 친구, 우정에 관심이 커지는 4학년 때 또래 관계에 대해서 생각해 볼 시간이 필요하다.

수업 활동 _《폭풍우 치는 밤에》 읽고
인터뷰하고, 뒷이야기 쓰기

　이야기를 들으며 아이들에게 질문을 만들라고 한다. 염소, 늑대 같은 등장인물뿐만 아니라 작가에게도 질문을 만들도록 안내하고 이 과정에서 좀 더 경청하도록 이끈다.

　"쏴쏴, 비바람이 거세게 몰아쳤습니다…"로 시작되는 동화를 처음 두 페이지만 들려주고 가능한 질문을 생각해 내도록 한다.

　"그 밤중에 염소는 왜 돌아다녔나요?"

　"오두막을 만났을 때 기분이 어땠나요?"

　"세찬 비를 맞을 때 어땠나요?"

　사실, 감정, 상황, 이유, 예측 등 질문 유형은 다양하게 나온다. 학생들이 사실과 관련된 질문예를 들면, 오두막에 도착했을 때가 언제인가요?에만 몰두한다면 질문의 물길을 돌릴 다른 유형의 질문을 교사가 예시하는 것이 좋다.

　교사의 발문처럼, 아이들도 정말 궁금해서 질문하기보다는 질문을 만들어야 하는 상황이라서 궁리를 한다. 이 과정에서 자기 생각을 정리하고 내용을 더 깊게 이해하는 체험을 하게 된다. 답을 알면서도 또는 자기 생각과 같은지 확인하기 위해 만드는 고도의 질문도 있다. 가끔은 교사로서 예측할 수 없는 질문이 나오기도 한다. 그럴 때 느끼는 쾌감이 있다. 아이들에게는 많은 가능성이 있으며, 그 가능성을 느낄 때 교사는 감동할 수밖에 없다. 질문 수준을 보면 아이들이 이 작품을 얼마나 이해하고 배

활동1. 질문 만들기	
염소에게 할 질문 만들기	• 비가올때 등이 아프진 않았습니까? • 염소는 왜 이런 날씨에 돌아다니나요? • 염소는 왜 상대가 늑대라는 것을 눈치채서 못했나? • 염소는 왜 늑대와 같은 생각을 하게 되었나요?
늑대에게 할 질문 만들기	• 늑대는 왜 지팡이를 집고 있었나요? • 늑대는 왜 상대가 염소라는 것을 눈치채지 못했나요. • 늑대는 왜 어렸을 때 엄마이기게 많이좀 먹으라는 이야기를 들었을까요? • 너는 왜 늑대고 기를 좋아하니?
작가에게 할 질문 만들기	• 왜 폭풍우 치는 밤을 배경으로 했나요. • 왜 주인공을 염소와 늑대로 하였나요. • 왜 늑대가 사는 마을 이름을 멉먹 멉먹 마을이라고 지었나요? • 왜 암호를 '폭풍우 치는 밤에' 라고 정하였나요?

활동1. 질문 만들기	
염소에게 할 질문 만들기	1.왜 이런 날에 돌아다녀? 5.왜 혼자 산에 돌아다녔니? 2.왜 냄새가 좋아겜 생각은 했나요? 3.폭풍 치는 밤에라는 영화 많이 들어봤나요? 4.친구를 왜라면 어떻게 만나.
늑대에게 할 질문 만들기	1. 염소에게 늑대라고 얘기 하지 안았나요? 5.목숨을 하다 여름 다쳤니? 2. 왜 염소 고기를 좋아하나요? 3. 늑대는 왜 어렸을때라 먹었었나요? 4. 왜 오두막 앞에서 만났다고 했나요?
작가에게 할 질문 만들기	1. 왜 폭풍우 치는 밤을 배경으로 했나요? 5.여책을 왜 썼나요? 2. 다른 동물도 많은데 염소와 늑대로 주인공으로 했나요? 3. 처음에 왜 목소리만 알게 했나요? 4. 왜 폭풍우 치는 밤에로 암호를 정했나요?

《폭풍우 치는 밤에》 질문 만들기

웠는지 판가름할 수 있다.

질문을 바탕으로 뜨거운 의자hot seating 활동을 한다. 두 모둠 즉, 여덟 명을 한 모둠으로 하여 각 모둠에서 작가, 늑대, 염소 역할을 뽑아 질문을 받고 나머지 다섯 명은 질문하는 앙케트 활동을 한다. 또는 전체로 운영할 수도 있다. 2학년 때부터 조금씩 하던 뜨거운 의자 활동이 익숙한지라 아이들은 곧잘 한다. 경험은 참 무섭다는 생각이 든다. 세 명의 친구들이 각자 염소, 늑대, 작가가 되어 질문을 받는다.

"염소에게 물어보겠습니다. 목소리가 굵은데 염소가 아닐 거라는 생각이 들지는 않았나요?"

"늑대에게 물어봅니다. 다음 날, 밤새 오두막에서 친구가 된 존재가 염소인 것을 안다면 잡아먹겠습니까?"

"작가에게 묻겠습니다. 천적 관계인 많은 동물이 있는데, 하필 늑대와 염소를 주인공으로 삼은 이유는 무엇인가요?"

아이들은 이런 식으로 자유롭게 질문한다. 대답하는 아이가 너무 힘들어하면 다른 아이로 교체해도 된다. 모두 주인공을 하고 싶어 하니 말이다. 아울러 활동이 끝날 때 마무리하며 역할을 맡은 학생들에게 질문을 받고 답하면서 어떤 생각이 들었는지 듣는다. 아직도 질문할 것이 더 남아 있다며 아쉬워하는 아이도 있다. 이런 아이들은 다음 활동으로 아쉬움을 풀게 한다.

인터뷰 활동을 하다 보면 생각이 확장되고 깊어지기두 하지만, 가장 큰 효과는 질문과 답변 과정에서 저절로 내용을 파악하

《폭풍우 치는 밤에》 인터뷰

게 된다. 그리고 맨 마지막 구절을 읽으며 아이들은 한동안 어안이 벙벙해하다가 짝꿍과 재잘재잘 이야기를 나눈다.

"다음 날, 언덕 아래에서 어떤 일이 벌어질까요? (중략) 아침해도 알 턱이 없었습니다."

"자, 어때? 어떤 일이 벌어질까?"

"나, 이 이야기 아는데…. 있잖아….'

"응, 맞아 이 이야기 말고 뒤편에 다섯 권이 더 있을 거예요. 관심 있는 사람은 나중에라도 이야기를 읽으면 되고, 오늘은 여러분이 마음대로 상상해서 이야기를 지어 보면 좋겠네요."

이야기를 아는 아이가 있다. 그 내용을 기억해서 써도 되지만, 작가가 되었다고 생각하고 이야기를 지어 보라고 한다. 역시나 상상의 날개를 맘껏 펼치는 능력이 있는 아이가 있다. 아이들은 늑대와 염소도 친구가 될 수 있다고도 하고, 본능이 더 강하기에 잡아먹을 가능성에 관해서도 이야기한다. 아이들은 먹고 먹히는 자연의 섭리를 어떻게 받아들여야 할지 난감해한다. 재미있는 상상 중 하나는, 둘이 만나서 처음에는 어색해하고 당황하다가 둘이 레스토랑에 가서 늑대는 고기를, 염소는 채소를 먹으며 서로 우정을 쌓아간다는 상상이었다. 두 인물의 타협점을 찾으려고 무지 애쓰는 것 같다. 아이들의 상상을 모아 보았다.

다음 날 아침 염소가 빨리 나와 기다리고 있었다. 그런데 검은 색깔의 동물이 와서 염소는 오두막 뒤로 숨었다.

늑대가 말했다.

"왜 폭풍우 치는 밤에 안 나오지?"

염소는 아주 이상하게 늑대 옷을 빠르게 만든 뒤 늑대인 척했다. 하지만 늑대는 염소가 변장한 것을 눈치 챘어도 눈 감아 주었다. 그런 뒤 늑대가 말했다.

"그 이상한 옷 벗어요. 이미 염소인 것 아는데."

염소는 옷을 벗었다. 그런데 늑대가 너무 잘생겨서 사랑에 빠졌다. 늑대도 염소가 너무 예뻐서 사랑에 빠져서 늑대, 염소 친구들을 놔두고 다른 마을에 가 결혼하여 행복하게 살았다.

이 활동 후 아이들에게 묻는다. 이 책을 작가가 왜 썼는지. 이 질문은 인터뷰 활동에서 교사가 핵심 질문으로 작가 역할을 맡은 아이에게 물어볼 수도 있다. 그러나 용케 아이들 중에 날카로운 질문을 하는 아이가 있다.

"아까 늑대님이 염소님과 친구가 된다고 하셨는데, 주변에 늑대들이 뭐라고 하면 어떻게 하실 건가요?"

"작가님은 왜 이런 책을 쓰신 건가요?"

이 질문과 답변 속에서 아이들은 이 책의 메시지를 파악한다. 편견과 선입견을 버리면 '누구든 친구가 될 수 있다'는 것을 아이들이 이해한다.

이런 배움 속에서 아이들은 서서히 설레기 시작한다. 아이들이 가장 기다렸던 수호천사 활동마니토을 위한 친구 뽑기 시간이기 때문이다.

활동2. 앞으로 어떻게 될까

앞으로 이 이야기는 어떻게 펼쳐질까요? 상상해서 써 봅시다.

그 다음날 아침, 늑대와 염소는 마주쳤다. 늑대는 가만히 있었다. 염소는 다리를 떨었다. 오랜동안 된 침묵을 깬 건 늑대 였다. "당신이 폭풍우 치는 밤..?" " ... " 염소는 말을 하지 않았다. 늑대는 먼저 다정하게 대했다. 그리고 염소 와 늑대는 친구가 됬다.

활동2. 앞으로 어떻게 될까

앞으로 이 이야기는 어떻게 펼쳐질까요? 상상해서 써 봅시다.

다음날 아침 염소가 빨리 나와 기다리고 있었다. 그런데 검은 색깔의 돌이 와서 염소는 오두막 뒤로 숨었다. 늑대가 보였다. "왜 폭풍우 치는 밤에 왔니까?"라고 말했다. 염소는 이곳 양쪽에게 늑대 옷을 떠리게 만든 뒤 늑대 인척 했다. 하지만 늑대는 염소가 변장한 것을 눈치 챘다도 눈 감아주었다. 그후 늑대가 말했다. "그 이상한 옷 벗어, 이미 염소 인걸 아는데 끼 영소 옷을 벗었다. 그렇게 늑대가 너무 감상해 사랑에 빠졌다. 늑대도 염소가 너무 대해서 사랑에 빠져서 후에 ,염소 친구들은 너무 다른 마음에가 결혼하여 행복하게 살았다.

《폭풍우 치는 밤에》 뒷이야기 쓰기

앞으로 이 이야기는 어떻게 펼쳐질까요? 상상해서 써 봅시다.

꿈도 안꾸던 늑대는 화들짝 놀라

도망쳐나올려고 했어 염소는 ' 폭풍에 치는 밤에!!'

라고 해서 늑대는 ' 혹시.. 재야인가?' 라고 했어

하지만 늑대는 먹기싫어 ' 안먹을래게..

그 사람이야 라고해서 둘이 친구가 되어 논다

그리고 형늑대가 그비밀을 알고 염소를 잡아먹으려

해서 늑대가 대신 먹혀 죽는다.. ㅠㅠ

앞으로 이 이야기는 어떻게 펼쳐질까요? 상상해서 써 봅시다.

약속한 날이 오자, 거짓 말처럼 또 폭풍우가 몰이

치기 시작 했습니다. 다시 어제 처럼 서로 누

워 있는데, 염소는 점점 알아 차리기 시

작 했습니다.'어쩐지, 늑대의 발처럼 늘들

보들 했어!' 염소는 화들짝 놀랐습니다. 늑대가 말하길, "왜 그러시

나요?" 염소는 " 아.. 아, 아니에요!' " 저 화장실 좀 다녀올게요!"

라고 말했고, 빠져 나온뒤 ' 걸음아 나 살려라!'" 하면서 도망쳤어(

《폭풍우 치는 밤에》 뒷이야기 쓰기

68

수업 활동 _ 수호천사 활동 계획 세우기

아이들의 이름을 쓴 낱낱의 쪽지를 미리 준비한다. 교탁 위에 펼쳐 놓고 차례대로 나와서 쪽지를 가지고 간다. 쪽지를 받기 전 아이들에게 설명한다.

"누구인지 펼쳐보고, 아무에게도 나 누구 뽑았다고 말하지 않습니다. 비밀을 지켜 주세요. 쪽지를 받으면 밑에 여러분의 이름을 쓰고 선생님이 다시 걷겠습니다. 나중에 자신이 누구를 도와주고 지켜 주어야 하는지 잘 모르니까요."

하지만 하지 말라고 하면 더 하고 싶은 게 인간의 묘한 본성이다. 받자마자 서로 누구 뽑았냐며 묻고 밝히는 바람에 다시 모아서 뽑은 적도 있다.

"선생님, 그런데 중간에 밝혀지면 어떻게 해요?"

"응, 그럴 때는 알아도 모르는 척하는 거지. 내 수호천사가 나를 어떻게 도와주는지 보는 것도 재미있잖아?"

아이들은 설레는 표정으로 나와서 쪽지를 뽑고 들어간다. 즐거워하는 아이, 은근 싫지 않은 표정을 짓는 아이, 실망하는 아이, 조금 짜증 내는 아이, 어이없어하는 아이, 난감해하는 아이 등 다양하다. 어떤 아이는 소감문에 '며칠 전에 싸워서 말을 안 하는 친구인데, 걱정이다. 하지만 이 기회에 친해져 보도록 하겠다.'라고 쓰기도 한다. 대부분 잘해 주겠다는 말이 많다.

"내가 뽑은 마니투에게 수호천사로서 어떻게 해 주어야 할지 계획을 세워 보자."

계획을 세우는 이유는 친구에게 잘해 준다는 것이 어떤 것인지 생각해 보도록 하기 위해서다. 에리히 프롬은 《사랑의 기술》 _{황문수 옮김, 문예출판사, 2019}에서 '사랑은 성실한 실천'이라고 했다. 인간관계에서 관계를 맺고 유지하기 위해서는 그냥 내버려 두는 것이 아니라 진실한 마음으로 실천해야 함을 알게 하려는 활동이다.

여기서 말하는 실천은 남을 조종하고 억지로 무엇인가를 한다는 것이 아니다. 누군가를 만난다는 것은 성실하게 우의를 실천하는 것이다. 기쁜 일에는 함께 기뻐하고 슬픈 일에는 더욱더 함께하는 우정과 우의 말이다. 이것을 용케 스스로 깨닫는 친구도 있지만 그렇지 않은 아이가 대부분이다. 따라서 수호천사 활동을 통해 이런 기회를 체험하도록 한다. 9주면 꽤 긴 시간이다. 그래서 끝까지 누구인지 모른 채 지낸다는 것이 쉬운 일은 아니다. 이 활동 후 다음 주가 되면 아이들은 인성 교실에 들어서자마자 말한다.

"아, 선생님. 저 들켜 버린 거 같아요."

"선생님, 얘가 제 수호천사 안다면서 가르쳐 주려고 해요."

그러면 나는 심드렁하니 말한다.

"응, 그래… 어쩔 수 없지. 그냥 모르는 척 지내."

하지 말라고 하면 더 하고 싶은 게 사람의 마음인지라, 아이들에게도 알려 하지 말라고 할수록 더 찾아내려고 기를 쓰니 어쩔 수 없다. 교사로서 최선의 행동이라면 그냥 별거 아닌 듯한 태도로 관심을 돌리는 것일 뿐. 9주간 아이들이 다양한 일을 겪

오늘 폭풍우 치는 밤에의 이야기를 받아 답변해 줄 수 있는게 신기 ... 이야기들의 선택을 해내서 답을 해나가니까 아주 재미있었다. 그리고 친구들이 궁금했는데 ... 상황을 하지 않아서 궁금 않았다. 그리고 상상해서 쓸때, 내 상상을 담아 쓰니까 좋았다. 그리고 마니또를 뽑았을 때 좋은 친구를 뽑아서 좋았다. 그리고 나를 뽑은 친구가 내게 궁금하고, 앞으로 나 마니또 에게 친절하고, 친하게 하면 ☆ 나 앞으로 티가 나게 하진 않겠다.

늑대와 영순의 이야기를 작가님이 너무 실감나고 재미있게 써 주셔서 정말 재미있었다. 마니또 가 되게 잘 나와서 좋았다. 평소 별로 친하진 않지만 이번 마니또를 기회로 더 친해지면 좋겠다.

폭풍우 치는 밤에를 읽은 후에 이런 밤에 별 우연이 겹치는 구나라고 생각했다. 그리고 마니또 뽑은 친구가 나랑친한 친구여서 다행이라고 생각했다. 나 뽑은 마니또 친한 친구 였으면 좋겠다

이 책을 읽고 궁금한 것도 적어 보고 발표도 해보니 까 책이 더 이해되고 좋았습니다. 또 이책에서 늑대는 이상해 보일지라도 노 력하면 친구가 될 수 있 다는 것을 깨달았습니 다. 늑대도 빛났는데, 잘돼 죽어 게다고 생각되었다

소감은, 아주~ 재미있었어요. 폭풍우치는 날에의 대한 말이여요. 영소와 늑대께 친적인 것을 모르고, 친하게 지내는 모습이 보였거요. 그래서, 저도! 모르는 친구 라도, 친하게 지내야 할것 같아요!

「폭풍우치는 밤에」라는 책을 읽고 질문을 만들어서 재미 있었다. 또 그책은 알고 있어 서다른이야기로 상상 을하니 신났다. 마니또 가 좋았는데 갑자기 나 페이시 않으로 어떻게 해야하는거 막막하다.

아이들 소감

고, 감정을 느끼며 이 활동의 책임을 간간이 생각하며 친구에게
다정하게 대해 주길 바랄 뿐이다.

3차시

말로 마음을 전해요

거친 말의 세상

말이 거친 세상이다. 길에서 중고등 학생 옆을 지나갈 때 그들의 대화를 들어 보면 움찔할 때가 많다. 길을 갈 때 사람들의 얼굴을 안 쳐다보는데 나도 모르게 도대체 어떤 아이 입에서 저런 말이 나올까 놀라서 쳐다보게 된다. 말문을 열면서, 중간, 특히 마지막을 욕으로 장식할 때가 많다. 세게 말하지 않으면 또래들에게 비웃음을 당하거나 같은 무리에 끼지 못할까 봐 그러는 것일까? 사람은 감정의 동물인지라 화가 나거나 짜증 날 때 답답한 마음에 욕을 내뱉을 수도 있다. 그러나 기분 좋을 때도, 일상적인 대화에도 어디서든 아무렇지 않게 욕하는 모습이 걱정스럽기만 하다.

욕을 들을 때 뇌가 위축되고, 제대로 기능을 못 하며, 욕도 중독이라는 영상을 EBS 지식채널에서 과학적으로 부여 주기두 했다. 행동주의 학습이론의 하나인 고전적 조건형성 이론에서도

'의미 조건형성semantic conditioning'을 말한다. 즉, 조건자극이 되는 단어잘했어, 넌 참 잘하는 게 없어, 넌 최고야, 넌 참 나쁜 아이야를 아이들 행동에 지속해서 제공할 경우 아이들은 그 말의 뜻대로 성장하게 된다는 것이다.

우리 정신을 표현하는 수단이자 정신을 형성하는 중요한 말을 아무렇게나 쓰고 있다는 것. 교사인 나도 아이들을 웃긴다고 가끔 날 것 그대로의 말을 쓸 때가 있지 않나 반성해 본다.

말의 소중함을 알려 주기 위해서 고른 《낱말 공장 나라》아네스 드 레스트라드 지음, 발레리아 도캄포 그림, 신윤경 옮김, 세용출판, 2009 는 상상력이 아주 극적이다. 말을 하려면 그 글자를 공장에서 사고, 음식처럼 먹어야 한다니 참 재미있다. 부자인 사람은 자신이 원하는

말을 맘껏 사서 쓰지만, 가난한 사람은 말을 하기 위해 낱말을 찾아 쓰레기통을 뒤지거나 바람결에 날아다니는 낱말들을 곤충망으로 채집하다니 기발하지 않은가? 아이들에게 말의 소중함을 훈계조로 말하기보다 《낱말 공장 나라》를 같이 읽으면 어떤 의도로 이 책을 읽는지 마음 깊이 이해하게 된다. 아울러, '체리, 먼지, 의자'와 같이 겉보기에 관련 없는 말에도 진심을 담으면 사랑의 마음을 전할 낱말이 된다는 비언어, 반언어의 힘도 느끼게 된다.

수업 활동 _《낱말 공장 나라》 등장인물의 마음 읽기

우선 등장인물들을 소개한다. 필레아스, 시벨, 오스카. 문제는 시벨이라고 소개를 하면 아이들이 이상한 표정으로 웃는다. '시'자로 시작되는 욕이 생각나는 것 같다. 몇 번 이런 반응을 보다 보니, 아예 "여주인공 이름을 듣고 부디 웃지 않길 바라요." 하고 유머러스하게 소개도 한다. 부드럽고 우아한 프랑스 말인데도 우리말의 욕을 연상하는 것은 어쩔 수 없는 것 같다. 안타까운 것은 맨 처음에는 난 생각도 못 했다는 것이다. 아이들이 그만큼 욕에 자주 노출되어 있다는 사실을 증명하는 것 같아 씁쓸하다.

아이들에게 동화를 읽어 주기 전에 표지를 보고, 필레아스가 왜 곤충 채집망을 들고 있는지 묻는다. 곤충 채집이 취미인가 보다 등등 발표를 하지만, 낱말을 채집한다는 생각은 쉽게 못 하는 것 같다. 이럴 때는 책 제목과 주인공이 채집망을 들고 있는 점을 연결하도록 단서를 주면 쉽게 유추해 낸다. 그러면서 의아해한다.

"어? 그럼 낱말을 채집한다고?"

일단 동기유발은 성공했다. 읽기 전에 세 주인공의 감정을 느끼는 대로 짧게 기록하라고 안내한다.

필레아스는 사랑, 안타까움, 설렘, 좌절, 희망, 기쁨, 당황, 부끄러움 등을 찾아낸다. 아무 말이 없는 시벨은 행복, 당황, 안타까움, 설렘, 짜증 등을 느낄 거라고 아이들이 말한다. 돈이 많아 옷마저도 낱말로 만든 오스카는 자신감, 질투, 당황, 좌절을 느꼈을 것이라고 발표한다. 인간의 감정이란 매우 다양하고 한 장면을 보고도 생각하는 점이 다를 수 있지만, 묘하게 일치하는 경우가 있다. 보편적인 감정을 먼저 찾고 공유할 수 있어야 이후 아이들이 세밀한 감정도 이해할 수 있다. '외롭다', '고독하다', '쓸쓸하다'의 차이, '당황'과 '황당'의 차이를 어느 순간 구별해 낸다면, 아이들의 정서 인식은 탁월하다고 할 수 있을 것이다.

이 단계까지 이르기 위해서는 어릴 때부터 감정을 제대로 읽는 것을 경험하게 해야 한다. 학교 현장에 있다 보니, 최근 경미하지만 전반적 발달장애 스펙트럼에 있는 학생이 조금씩 늘어나는 느낌이 든다. 물론 이 장애는 갖고 태어나는 경우가 많지만, 그렇더라도 교육을 통해서 정서 인식 훈련이 가능하다는 점에서 정서교육이 더욱 중요하다. 아울러 후천적으로 정서적인 장애를 겪는 아이도 있다. 이런 경우에는 더더욱 체계적인 정서교육을 통해 회복을 도와야 한다.

《오즈의 마법사》에 나오는 양철 인간은 '가슴마음'을 갖고 싶어 했다. 없는 심장인 줄 알았는데, 동료들과 함께 여행하며 그에게 숨어 있던 따뜻한 마음이 경험을 통해 드러나고 드디어 이미 자신이 가지고 있었음을 발견하게 된다. 누군가가 소원을 듣고 만들어 준 것이 아니라 자기 경험으로 이미 있었음을 인식하게 된 것이다. 아이들의 마음도 그러하다. 이미 있었던 인간으로서의 아름다운 감성들이 여러 가지 상황으로 인해 발현이 안 되거나 막혀 있을 수 있다. 그런 감성을 키우는 작업을 인성교육의 한 축으로 해야 함을 늘 생각하게 된다. 처음에는 이렇게 동화로 안전하고 편안하게 시작하다가 익숙해지면 나와 내 주변 친구들이나 관계하는 사람들과 함께 생활하며 느끼는 감정들을 이해하도록 안내한다.

읽어 주면서 맨 마지막 부분의 대사를 포스트잇으로 가려 놓는다. 가난한 주인공 필레아스가 말없는 시벨에게 "체리, 먼지, 의자"라고 사랑의 마음을 고백했을 때, 시벨은 미소 짓던 표정을 멈추고 필레아스에게 다가가 볼에 뽀뽀한다. 이 뽀뽀에 대해 필레아스는 무엇이라고 이야기를 하였을까? 아이들은 "나도 사랑해.", "행복해" 등을 이야기하지만 "그 말은 비싼 말이라서 필레아스는 살 수 없었어요."라고 말하면 아이들은 눈을 굴리며 생각에 잠긴다. 가끔 답을 찾아내는 아이들이 있기는 하다. "한 번더."라는 말을 보여 주는 순간 아이들은 쑥스럽지만 재미있다는 표정으로 나를 바라본다. 중요한 대사를 가리고 아이들에게 유추하게 하면 아이들은 지루함도 덜도 다양한 사고를 할 수 있게 된다.

수업 활동 _ 듣고 싶은 말 vs 듣기 싫은 말

《낱말 공장 나라》를 아이들과 나누며, 아이들에게 가장 알려 주고 싶은 점은 '말이 우리에게 미치는 영향과 바른 말을 써야 하는 이유를 깨닫게 하는 것'이다. 아이들에게 내가 가장 듣기 싫은 말, 가장 듣고 싶은 말, 마지막으로 《낱말 공장 나라》에서 꼭 사고 싶은 말을 쓰게 했다.

들고 싶은 말 VS 듣기 싫은 말

이때는 릴레이 발표로 모두의 의견을 듣는다. 진행하다 보면, 비슷하거나 같은 반응이 나오기도 한다. 재미있는 것은 학급마다 해마다 조금씩 다르다는 것이다. 어떤 반은 공부에 대한 스트레스가 많은지 가장 듣고 싶은 말에 '학원 가지 마', '공부하지 않아도 돼'가 나오고, 가장 듣기 싫은 말에 '숙제해', '공부해'가 많이 나왔다. 또 다른 반은 장래 꿈을 발표할 때 유튜버^{주로 게임} _{크리에이터}, 프로게이머가 많이 나오더니, 아니나 다를까 가장 듣고 싶은 말은 '게임해', 듣기 싫은 말은 '게임 금지'였다.

아이들에게 릴레이로 들은 내용을 바탕으로 어떤 특징이 있는지 함께 이야기를 나누어 볼 수도 있지만, 말이 우리에게 어떤 영향을 주는지 가장 크게 느끼는 부분은 이것을 아이들에게 연

아이들이 쓴 단어 정리하기

이어서 들려주었을 때다.

"자, 이제부터 말이 내 마음에 어떻게 다가오는지 느껴 볼까요? 다 같이 심장에 손을 대고, 눈을 감아요."

"왜 가슴에 손을 대요?"

"그 말을 들었을 때 가슴이 어떻게 뛰는지 경험해 보라고."

최근 연구에 의하면 감정 중추는 뇌뿐만 아니라 심장에도 있다고 한다.

아이들이 준비되면 처음에는 듣기 싫은 말들을 감정을 살려

쭉 읽어 준다.

"숙제나 해. 공부해. 넌 너무 어려. 학원가. 왜 이렇게 못해? 네 언니 좀 봐라. 넌 동생만도 못해. 넌 못생겼어. 빨리빨리 해, 왜 이렇게 느리니? 넌 회장이 왜 그래? 그것도 못 하니? 응 아니야. 응안물. 넌 세상에서 필요 없어. 넌 왜 태어났니? 네 부모님은 너 교육을 어떻게 하신 거니? 인성 쓰레기구나…."

처음에는 싱글벙글 웃으며 장난스럽게 받아들이던 아이들의 표정이 점점 굳기 시작한다. 적막 속에서 나의 말이 비수처럼 아이들의 가슴에 꽂히는 것이 느껴진다. 인상 쓰는 아이, 한숨을 쉬는 아이, 심지어는 주먹을 부르르 떨거나 가슴을 치는 아이도 있다. 특히 비교하는 말을 할 때는 눈을 번쩍 뜨고 나를 노려보는 아이도 있어서 깜짝 놀랐다.

"선생님, 그만 해요. 죽을 거 같아요."

"미안하네…. 자, 어때요?"

내가 너무 미웠다, 일어나서 나가고 싶었다, 울고 싶었다, 때리고 싶었다, 심장이 터질 것 같았다는 등 아이들은 얼굴이 벌게져서 말한다. 심지어 눈물을 글썽이는 아이도 있다. 미안하지만 아이가 느껴야 한다.

"음, 그렇구나. 미안했어. 그럼 이젠 마음의 청소를 해야겠지? 자 다시 가슴에 손을 얹고 눈을 감으세요."

최선을 다해서 듣고 싶은 말을 해 주었다. 감정이 전달되도록 정성스럽게 말한다.

"너 참 잘하는구나! 넌 최고야. 네가 있어서 너무 행복해. 힘들지? 오늘은 학원 가지 말고 쉬렴. 자, 여기 용돈이야. 공부 많이 했으니 게임해야지. 너 참 멋지다. 와, 넌 정말 최고야. 왜 이렇게 잘해? 나랑 친구 하자. 우리 같이 놀자. 아까 그렇게 말해서 미안해. 고맙다. 정말 사랑해. 네가 내 아이라서 너무나 자랑스러워…."

아이들은 행복한 듯 미소를 짓는다. 따뜻한 분위기가 얼굴에 흐른다.

"이런 말 맨날 들었으면 좋겠어요."

"그래? 아까 나쁜 말들과 비교하면 어떤 게 다를까?"

"정말 아까는 선생님을 삐리리 하고 싶었어요."

"야, 그런 말 쓰면 안 되잖아."

친구들의 원성에 아이가 겸연쩍게 웃는다.

"아까는 슬프고 화나고 울고 싶고 가슴이 터질 것 같았어요. 지금은 너무 좋고 행복하고 그래요."

"그리고요, 나쁜 말 들을 때는 심장이 마구 뛰었는데, 지금은 덜 뛰고 그냥 행복해요."

말이 우리 마음에 어떤 영향을 주는지, 그래서 우리가 어떤 말을 하고 살아야 하는지 아이들이 이해하는 시간이었다고 믿는다. 말이 정신을 지배한다는 거창한 말이 아니어도, 말의 힘은 정말 대단함을 느낀다. 아이들의 마음속에 아름다운 말들의 씨앗이 뿌려지고 행복들이 쑥쑥 자라면 좋겠다.

활동 후 소감

선생님이 듣기 싫은 말을
하셨을 때 잔소리 폭탄을
들어서 기분이 나빴고 좋은
말을 하셨을 때 기분이
좋아져서 병주고 약주고라
는 속담이 생각났다.
물은 모든 것을 알고
있다' 라는 영상을 봤을

메모1

때 말조심 해야겠다고
생각했다. 역시 이게
말의 힘... 모든 나의
말을 온 세상이 듣고
있다. 좋은 말만 써야
겠다.

활동 후 소감

선생님이 듣기 싫은 말을 할 때
패드립할 때 욱 하고 쓰레기
라고 할 때 마음 속으로 엄마를
생각하면 화나는 것을 참았
라 선생님이 듣고 싶은 말을
할 때는 기분이 좋았었다
그 중에서 그게가 정말 좋았라
1개는 학교 쉬자고 학교가기

메모1

싫은데 쉬어도 된다고 하여
좋았고 또 1개는 용돈 줄게
였다 난 용돈 줄게만 말렸
지만 선생님이 얼마줄까?
까지 붙이셔서 더 좋았다
그리고 마지막에 물로 실험하는
영상을 봐서 되게 감동 받았다

'말로 마음을 전해요' 활동 후 소감

다음에 안정이 와서 오늘 하루는 너
무 잘 되면서 일이 술술풀릴것
같다. 항상 나쁜말만 아세상이
너많은 줄 안았더 좋은
말들이 사람한테 더 안정
을 주서 우리 많은중은 말들
만 있어야 된다는 것을 알았
고, 나쁜말들은 다른 말로

메모1

바꿔야면 좋겠다. 오빠가 무슨
줄했는데 사촌기라 어쩔수
없는데 너무 그러는거 같아.
좀 속상하다. 오빠가 잠이나
내이음을 알아줬으면 좋겠다.
오빠가 착할땐 착하지만
나한테 더 친절하게 대
주면은 좋겠다. 오빠야, 사랑해

나는 나쁜말공장나라
에서 절대로 살고싶지
안아 왜냐하면 말을
비싸게 싸야하기 때
문이라. 나는 선생님이
듣기싫은 말을 할때
아무렇지도 않다가 형이
많이 하는 말이 나오니까

메모1

한대 때리고 싶고 짜증이
났다. 선생님이 좋은 말
을 할때는 가슴이 안정되어
느껴지고 기분이 엄청
나게 같았다.

'말로 마음을 전해요' 활동 후 소감

사실과 진실 사이

빨간 거짓말과 하얀 거짓말

거짓말은 나쁜 것이고 하지 말라고 어릴 때부터 배워 왔다. 정직의 대척점에 있는 거짓말은 아예 해서는 안 된다고 교육받아 왔다. 그러나 사람은 본래 거짓말하는 존재다. 하루에도 몇 차례 거짓말한다는 믿거나 말거나 한 연구 결과도 있다. 의도적이지 않아도 거짓말을 하지 않을 수 없는 상황도 있다. 금 밟으면 죽는 것, 콩이면 콩이고 팥이면 팥으로 상황을 판단하는, 정직하지만 다소 고지식한 면이 중학년 때부터 더 발달한다. 하지만 성장하면서 서서히 행동의 의미와 그 사람의 드러내지 않은 마음을 생각하게 된다. 꼭 속이려는 나쁜 의도_{빨간 거짓말}는 아니지만, 그 사람에게 잘 보이기 위해서, 그 사람이 충격을 받을까 봐 등등 다양한 이유로 고지식한 사실을 말하기보다는 그 사람이 바라는 대로 거짓말_{하얀 거짓말}을 하기 시작한다.

아이들에게 빨간 거짓말과 하얀 거짓말에 관해 소개하고 사실대로 말하는 것이 무엇인지 물어본다. 아이들은 정직하게 말하는 것, 사실을 말하는 것, 아는 것을 말하는 것, 진실을 말하는 것 등 저마다 아는 언어로 이야기한다.

'거짓말은 나쁜가 아닌가?'라는 뻔한 질문보다는 '하얀 거짓말은 해도 되는가?'라고 질문한다. 이해를 못 할 수도 있으니 예를 든다. 제시하는 사례는 그때그때 상황에 따라 다르게 한다.

"어떤 할머니가 아프신데, 검진 결과 '암'이라는 사실을 알았어요. 더구나 두 달밖에 못 산다는 말을 가족들만 들었어요. 이 사실을 할머니께 알려야 하나요?"

아이들은 한동안 생각하다가 다양하게 의견을 말한다.

"사실대로 말하지 않아요. 충격받으면 더 악화하고 더 빨리 돌아가실 수 있지 않을까요?"

"하얀 거짓말을 해요. 알게 되면 더 괴롭고 안 좋아질 수 있으니, 큰 병 아니라고 하고 가족들이 같이 여행도 다니고 좋은 것 보여드리는 게 나을 것 같아요."

"할머니가 자신의 삶을 정리할 시간을 주어야지요. 갑자기 돌아가시면 너무 당황스럽지 않을까요?"

"할머니 삶인데, 아무리 가족이라도 할머니 삶과 죽음은 알아야 한다고 생각해요. 나중에 배신감 느끼실 것 같아요."

4학년이지만 아이들은 어른 못지않게 타인을 배려하는 차원에서 하는 하얀 거짓말이 바람직한지 아닌지 충분히 생각할 수 있다.

"그럼, 친한 친구가 미용실에 다녀왔는데, 머리카락 자른 것이 영 이상한 거야. 그 친구와는 베프이고. 그 친구가 머리 모양이 괜찮은지 물어보는데 어떻게 대답할까?"

"친하게 지내야 하고, 어차피 머리 길러 제자리 찾을 건데, 굳이 사실을 말해서 사이 나빠질 일은 만들지 말아요. 그냥 괜찮다고 말하죠."

"아니야, 그렇게 말하면 듣기는 좋을지 모르지만, 자꾸 아닌 것을 맞는다고 말하다 보면 친구가 눈치채고 더 이상 나를 믿지 않을 거야."

몇 가지 사례를 제시하고 물어보다가 생각을 정리하여 쓰도록 한다.

하얀 거짓말을 허용하는 아이들은 '상대의 이득을 생각하니까', '배려하는 말이니까'라고 쓴다. 그에 비해 '하얀 거짓말도 거짓말'이라며 비판하는 아이도 많다. 거짓말은 거짓말이고, 결국 깊은 내면에는 상대방보다는 나의 이득을 위한 거짓말임을 숨길 수 없기 때문이라는 생각 깊은 아이도 있다. 어른들이 남 듣기 좋으라고 하는 소리, 일종의 하얀 거짓말을 아이들은 눈치채고 있고 그것이 그리 바람직하지 않은 것임을 용케도 파악하고 있다.

질문) 하얀 거짓말은 해도 되는가? 네

왜: 하얀거짓말은 빨간거짓말처럼 자신의 욕심을 채울려고 하는거고 하얀 거짓말은 배려하는 거짓말이기 때문입니다. (예: 첫째 둘째 살눈데닉모닝게 잘쇼고워다 거짓말)

질문) 하얀 거짓말은 해도 되는가? 아니요.

왜냐하면 거짓말은 거짓말이고 어차피 남에게 숨기는 것이니까 일이 더 커질수 있어서 이다.

질문) 하얀 거짓말은 해도 되는가?

가끔씩 된다. 왜냐하면 때로 하얀 거짓말이 목숨을 구하기 때문입니다. 하지만 그 하얀 거짓말이 빨간 거짓말이 될수 있기 때문입니다.

하얀 거짓말 관련 활동

수업 활동 _《나는 사실대로 말했을 뿐이야!》 등장인물은 왜 기분이 나빴을까?

다른 사람과의 관계에서 눈치가 없는 사람이 간혹 있다. 심술궂게 일부러 그러는 예도 있지만, 천진난만한 성격으로 다른 사람이 불편해하는 것을 모르고 사실을 말하는 것이다. 또는 발달 단계상 융통성이 없는 시기가 있다.

내가 초등학교 4학년 때 생각이 난다. 어느 날 점심시간에 선생님 심부름으로 우유갑을 가져다 놓고 다시 교실로 가려는데, 어떤 선생님이 학교 옆 문구점에 돈을 갖다 주라고 하셨다. 나는 3층으로 실내화 주머니와 신발을 가지러 올라가려는데, 그냥 실내화 바람으로 다녀오라며 재촉하셨다. 순간 당황했다. 선생님이 주신 돈을 쥐고 문구점을 가는데, 이상하게 고개가 푹 수그러졌다.

갑자기 우리 반 개구쟁이가 나를 보더니 큰 소리로 말했다. "야, 이보경. 너 실내화 신고 밖으로 나갔어? 선생님께 이를 거야." 순간 당황과 억울함이 섞여 가슴이 답답해지면서 "선생님 심부름이야, 선생님이…." 하는데 눈물이 뚝뚝 떨어졌다. 그때를 생각하면 지금도 마음이 답답해진다. 참 융통성 없고 순진한 모습이지만, 4학년 그때의 나는 규칙을 어겨야 하는 그 상황이 너무나 힘들었다. 부모님께 고지식하다는 말을 자주 들었던 것을 보면, 융통성 없는 내 기질도 그 장면을 트라우마로 기억하는 것에 한몫했을 것이다. 이렇듯 4학년은 '금 밟으면 죽는' 시기다.

《나는 사실대로 말했을 뿐이야!》

패트리샤 맥키삭 지음, 지젤 포터 그림, 마음물꼬 옮김, 고래이야기, 2022에 나오는 리비는 엄마에게 거짓말을 해서 크게 혼나고는 '앞으로 사실만을 말하겠다'고 다짐한다. 엄마에게 크게 혼나면서 정직을 실천하겠다고 다짐한 것이다. 옷은 잘 차려입었는데 양말에 구멍이 난 루시, 너무 어려워서 지리 숙제를 못 한 윌리, 학예회에서 대사를 잊어버려 여러 사람 앞에서 울었던 데이지, 복숭아를 훔쳐 먹어서 선생님에게 엉덩짝을 맞은 찰세터, 집이 가난해 선생님께 몰래 급식비를 받은 토마스, 마지막으로 친절하지만 정원을 밀림처럼 제대로 관리하지 못한 터셀베리 아주머니까지. 그들에 대한 사실을 말하려고 했다. 거짓말을 안 했으니 규칙을 지킨 것이지만, 뭔가 부족한 정직, 배려가 빠진 솔직함이 리비와 주변 사람들을 갈등과 균열로 이끈다.

조용히, 그러나 운율이 느껴지게 책을 읽어 준다. 아이들은 집중해서 듣는다. 이 책을 모두 읽어 주지 않고, 화내는 터셀베리 아주머니와 사건이 있고 난 뒤 엄마에게 이 사실을 털어놓는 장면에서 이야기를 멈춘다.

그러고는 등장인물들을 다시 한번 짚어 간다. 그리고 그들이 왜 기분이 나빴을지를 생각해서 쓰라고 안내한다. 루시의 팩트 폭격에 당한 여섯 명 중 가장 기분이 상했을 사람을 두세 명 골라 그 이유를 쓰게 한다. 모두 쓰라고 하면 좀 버거워하기 때문이다. 이후 리비를 화면에 띄우고 각 등장인물의 입장에서 속마음을 전달하도록 '마음의 소리' 마이크를 돌린다. 아이들은 노래방용 마이크가 마음에 드는지 열심히 손들고 서운함을 말한다.

"리비야, 너는 꼭 그렇게 루시의 양말에 구멍 난 것을 아이들 앞에서 말해야 했니? 루시의 새 옷을 칭찬해 주면 좋았을 텐데."

"리비야, 윌리가 게을러서 숙제를 못 한 게 아니라 정말 몰라서 못 했고, 윌리가 사실대로 말하려고 했는데 먼저 그렇게 말한 것은 고자질 같아."

"리비야, 가난한 것은 죄가 아니야. 토마스가 선생님에게 급식비를 몰래 받은 것을 그렇게 말하면 토마스 자존심이 상하지."

아이들에게 마이크를 전달하고 리비가 어떤 실수를 했는지 말하게 하면서, 사실과 진실을 이해하고, 사실을 말하는 중에는 배려가 기반이 되어야 함을 깨닫도록 할 수 있다.

다른 방법으로 수업을 진행해 보기도 하였다. 리비에게 마음의 상처를 받은 인물을 아이 중에 뽑는다. 루시, 윌리, 토마스, 첼세터, 터셀베리 아주머니 등 아이들의 지원을 받아 한 명씩 뽑는다. 그리고 학급 친구들 전체는 리비가 된다. 뽑힌 아이들이 각 역할에 감정이입 하도록 동화 속 얼굴 그림을 그려서 제시한다. 그 얼굴 그림을 들고또는 가면을 쓰고 학급 아이들이 리비라고 생각하고 서운한 점을 말하게 한다. 아이 중에는 정말 등장인물처럼 아주 슬프게, 서운하게 마음을 전달하는 연극배우가 있다. 등장인물들이 생생하게 말하다 보니 좀 웃음도 나고 재미있어하기도 하고, "나, 리비 아니야!"하며 억울해하기도 한다. 등장인물이 된 아이들은 "정말 속상해지더라고요."라고 소감을 말하고는 머쓱해하며 자리로 돌아간다.

루시 리비야, 너는 꼭 그렇게 여러 아이가 보는 앞에서 내 양말에 구멍 난 것을 말해야 했니? 우선 옷 입은 것을 칭찬하고 조용히 둘만 있을 때 말해 주었으면 좋았잖아?	찰세터 내가 복숭아를 몰래 몇 개 가져간 건 우리 엄마 주려고 그런 거야. 그리고 그것 때문에 선생님께 맞은 거, 이제는 잊고 싶은데 또다시 말하다니. 넌 너무 심술궂어.
윌리 내가 게을러서 숙제를 안 한 게 아니라 어려워서 못 한 건데 그렇게 고자질을 해야 하니? 내가 선생님에게 스스로 말하려고 했는데… 서운하다.	토마스 가난은 죄가 아니잖아? 급식비를 선생님이 몰래 내 주신 것은 고마운 일인데, 그것을 아이들이 알면 난 자존심이 상해.
데이지 내가 크리스마스 연극에서 운 것은 나의 흑역사야. 이 흑역사를 들추어서 아이들에게 또 알리는 이유가 뭔데?	터셀베리 아줌마 리비야, 네 말이 맞긴 하다. 내 정원이 좀 울창하지. 그렇다고 그렇게 대놓고 말하는 것은, 공격처럼 느껴져. 좀 부드럽게 말하면 좋았을 텐데.

등장인물이 되어 말하기

루시와 주변 사람 인터뷰

사실과 진실 사이에 있는 진심을 찾아서

가짜 인터넷 뉴스로 멀쩡히 살아서 활동하는 사람을 죽었다고 알린 사건이 있었다. 너무나 자연스럽게 사실이 아닌 것을 사실처럼 말하는 유튜버들을 보면 '진짜 저렇다고 믿는 것일까?' 궁금해지기도 한다. 이들의 주장이 사실인지를 알아내려면, 실제로 일어났는지 관찰하고 확인해야 한다. 문제는 이것이 사실인가 아닌가가 중요한 것이 아니라 이들이 주장하는 이면의 진실이 무엇이냐는 것이다. 아마도 해당 인물에 대한 불만, 개인적으로는 이슈화를 통해 인정받고 싶은 인간 본연의 욕구도 있을 것이다.

사실과 진실이 무엇인지 궁금해서 여기저기 검색해 본다.

위키피디아에는 '사실fact이라 함은, 실제로 일어났거나 현재 진행 중인 사건을 가리키는 것, 관찰이나 경험을 통해 참이나 믿을 만한 것으로 확립된 내용'이라고 설명되어 있다.

사실, 과학적 사실이라고 주장되어 온 이론이 하루아침에 새로운 이론에 의해 뒤집히면서 사실이 아닌 것으로 밝혀지는 경우가 많다. 나름의 관찰로 확고하게 믿었던 '천동설'이 코페르니쿠스나 갈릴레오에 의해 하루아침에 '지동설'로 바뀌게 된 것과 같은 '과학적 사실'의 무너짐은 너무나 많이 보게 된다. 어떻든 현재 일어나는 현상을 보고 그렇다고 믿는 것이 사실일 것이다. 그러나 이 사실은 사실이 아닐 수도 있음을 내포하는 아이러니가 있다.

사실을 밝히는 작업은 필요하고 중요하지만, 교육하고 상담하며 아이를 기르는 입장에서는 사실 이전에 진실을 찾는 것이 중요하다고 본다.

진실(眞實, 참)은 사실, 거짓이 아닌, 왜곡이나 은폐나 착오를 모두 배제했을 때에 밝혀지는 바를 말한다. (중략)
사실은 학문을 하는 데 필요한 자료에 지나지 않는다. 사실들의 상관관계에 어떤 원리가 있는 것을 발견해야 비로소 학문에서 탐구하는 진실에 이른다고 할 수 있다.

위키피디아, '학문적 대상으로서의 진실' 중에서

내 입장에서는 학문을 추구하는 관점보다는 실제 아이들을 교육하는 관점에서 사실과 진실의 차이를 바라보고 싶다.

아이가 어떤 물건을 훔쳤다. 그리고 거짓말을 하고 친구들에게 공격적인 행동을 한다. 이 모든 행동은 그 아이가 저지른 '사실'이다. 그러나 훔치는 것, 거짓말, 공격적인 행동은 그 아이에게 양육 및 교육의 문제, 혹은 마음의 문제가 발생했다는 진실을 내포하고 있다. 더 나아가 그 아이가 부모나 세상에 좌절하거나 불만이 있다는 진실이 숨어 있을 수 있다.

학생 중에 유난히 친구들에게 친절하고 예의 바르며, 양보를 넘어 지나치게 자기희생적인 행동을 하는 아이가 있다. 겉으로 보기에 아름다운 사실적 행동 뒤에는 그 아이가 친구들에게 인정받고 싶거나, 자존감이 낮은 상태라는 진실이 숨어 있을 수 있다.

책에서 리비는 사실을 말한다. 루시의 양말이 구멍이 난 것, 윌리가 숙제를 안 해 온 것, 터셀베리 아주머니 정원이 밀림처럼 잘 가꾸어지지 않은 것은 모두 사실이다. 그러나 그 사실을 듣는 당사자들이 한결같이 느끼는 것은 부족한 '배려'에 대한 서운함, 대우받고 싶다는 진실이다.

사실을 밝히는 것이 능사는 아니다. 모처럼 새 옷을 입고 와서 아이들이 칭찬하는데, 그런 친구에게 양말에 구멍이 났다고 사실을 말하는 것은 그 아이의 자존심을 꺾는 행위일 뿐이다. 토마스의 경우처럼 집안이 어려워 점심값을 못 내는 것을 안타깝게 생각한 선생님의 행동과 그것을 받을 수밖에 없었던 토마스의 사정을 알았더라도 침묵하는 것이 인간의 도리일 것이다. 윌리가 스스로 선생님께 사정을 말하고 조언을 구하는 기회를 얻도록 '숙제를 못 했다'는 사실을 알고만 있거나, 선생님께 가서 윌리가 숙제를 못 한 사정을 윌리 대신 조용히 알려 줄 수도 있었을 것이다. '사실만을 말하겠다'는 본인의 신념을 지킨다고 남들이 숨기는 사실을 말하면서 상처를 주는 것은 올바른 행동이 아닐 수 있음을 아이들이 이해하길 바랐다. 사실 여부를 가리기보다는, 사실을 말할 적절한 순간과 서로 상처 입지 않도록 부드럽게 전달하는 방법을 익히도록 하는 것이 나의 진심이었다.

금 밟으면 죽는 것이 아니라, 가끔은 금을 밟을 수밖에 없는 피치 못할 사정이 있었음을 이해하는 것, 이것이 옳고 그름을 판단하기 전에 인간관계에서 서로를 이해하고 수용하는 기본일 것이다.

가끔은 사실이라는 무기로 상대를 상처 입힐 수도 있고, 알고 보니 사실이 아닐 수도 있으며, 사실 뒤에 깊은 진실이 감춰져 있음을 알 필요가 있다. 그래서 신중하고 다각도로 생각하는 '열린 마음'이 정말 필요한 시기다.

너무나 억울해서 사실을 말하기도 하고, 정의롭지 못해서 사실을 밝히기도 한다. 이는 자존감을 지키려는 진실과 양심과 정의가 중요하다는 진실을 위해 긍정적으로 사실을 드러내는 것

※ 주인공인 리비에게 진심과 존중의 마음으로 충고의 편지를 써 봅시다.

리비야. 거짓말을 안하고 사실대로 말한건
잘 했다고 생각하는데, 너무 사실대로 말하니까
친구들이 기분 나빠할 것 같아. 그리고 루시, 윌리,
데이지, 찰체티, 토마스의 부모님이 그 말을
들으면 마음 아파하실 것 같아. 그러니까 다른 사
람들을 배려하며 말할 필요가 있어. 더실베리 아주머
니는 그 정원을 가꾸느라 비용도 많이 들었고 취미인데
그런 사실은 좀 그런것같아. 앞으로는 상황하고 하며 적절
하게 진실을 말기 바래 안녕

※ 주인공인 리비에게 진심과 존중의 마음으로 충고의 편지를 써 봅시다.

리비야, 엄마랑 사실대로 이야기 하기로 약속 했지만,
남의 기분이 나쁘지 않게 사실대로 이야기 하는 것
이 좋을 것 같아. 즉, 꼭 거짓말을 해야 한다면
선의의 거짓말, 하얀 거짓말을 하는 것이 좋을 것 같
지 않니? 맞아, 사실대로 말하는 것은 참 좋은 거야.
그래도 이제 부터는 상대방의 마음을 생각하며 사실
대로 이야기 해봐. 상대방을 배려, 존중하며 이야기
를 하면 친구들과 더욱 친하게 지낼 수 있을 거야. 안녕

리비에게 편지 쓰기

96

이다. 그러나 남의 단점이나 약점을 여러 사람 앞에서 함부로 또는 일부러 말하는 것은, 신중하지 못한 사람이라는 진실과 남을 공격하고 상처 주는 악한 사람이라는 진실이 밝혀지는 순간이다.

5차시
괴롭힘을 당해도 되는
사람은 없어요!

장난과 괴롭힘의 경계

집단 괴롭힘 및 따돌림에 관해서 아이들과 이야기하는 시간이다. 1, 2학년 과목인 '안전한 생활'에서 이미 학교폭력의 종류 및 특성, 대처 방법까지 배우고 해마다 학교폭력 예방과 관련한 교육을 반복하므로 아이들은 학교폭력에 관해서 많은 것을 알고 있다. 덕분에 예전보다는 신체적인 폭력, 대놓고 괴롭히는 행동은 많이 줄어들었다. 하지만 언어폭력이나 은밀한 따돌림 등은 더 교묘하게 진행되는 듯하다. 신체적 폭력은 그 증거가 드러나고 법적인 제재를 받을 확률이 높지만, 언어폭력은 상대적으로 '그럴 수도 있다'라는 생각과 가시적으로 나타나지 않아서 폭력으로 인식하지 못하는 것이다. 아울러 사람을 대하는 기본적인 도리, 인권 감수성이 여전히 부족하다는 뜻일 수도 있다. 가시적이지 않기에 모호하고, 그래서 많이 발생한다.

따라서 아이들에게 '장난과 괴롭힘'의 차이를 생각해 보도록 하는 것이 중요하다. 아이들에게 장난과 괴롭힘의 차이를 어떻게 생각하는지 물을 때는 구체적인 사례를 들어 질문한다.

"선생님이 몇 년 전 학생들을 가르칠 때 일어난 일이에요. 어떤 아이가 친구들 몇 명을 만날 때마다 자꾸 '거기'를 슬쩍 건드리는 거야. 아이들은 맨 처음에는 깜짝 놀라다가 그다음부터는 불쾌해서 피했어. 주로 약하고 말이 없는 친구 몇 명을 대상으로 하더라고. 선생님도 우연히 발견해서 불렀지. '왜 친구들을 괴롭히니?' 그러자 그 아이가 '장난인데요?' 하는 거야."

아이들은 '거기'라는 말에 싱글싱글 웃다가 "어, 그게 왜 장난이야?" 하고 반문하며 "나쁘네." 하고 반응한다. 다행히 사례로 든 것이 아이들의 반응을 끌어냈다.

"그럼 이 같은 경우에 이것이 장난이 아니고 괴롭힘, 그러니까 학교폭력인 이유가 뭐지?"

"음, 당하는 아이들이 괴롭잖아요."

"그렇지? 그런데, 그 녀석이 '얘들도 싫다고 하지 않았는데요?' 하는 거야. 어떻게 괴롭힘, 학교폭력이라고 설득할래?"

아이들이 고민에 빠졌다. 성추행을 장난으로 생각하는 아이에게 어떻게 '괴롭힘'이라고 받아들이게 할 것인지 논의하는 과정에서 아이들은 자연스럽게 장난과 괴롭힘의 차이점을 이해하는 기회를 얻는다.

둘을 구분하는 기준은 먼저 "그 친구들이 네 행동으로 더이상 재미있어하지 않고 마음에 상처를 받는 것 같은데?" 하고 멈출 것을 경고한다. 재미가 아닌 상처를 주기 시작할 때 괴롭힘이 되는 것임을 첫 번째로 알리는 것이다.

그런데 그 아이가 "왜요? 가끔 웃고 있잖아요?" 하며 인정하지 않는다. 그럴 때 두 번째는 역지사지의 기준으로 설득한다. "네가 한 것처럼, 그 아이가 네 거기를 그렇게 치면 너는 아무렇지 않게 받아들일 수 있니? 기분 좋게?"라고 묻는다. 이 질문에 "아니요." 하면 본인의 행동이 괴롭힘임을 인정하는 것이다. 하지만, "예, 상관없어요. 우리끼리 하는 장난이니까요." 하고 억지를 부릴 수도 있다. 그럴 때 3단계는 "그래? 네가 서로 여전히 재미있고, 자신이 당해도 별생각 없다고 했지만, 교실의 다른 아이들과 교사인 내가 보기에 마음이 매우 불편하고, 명백한 괴롭힘이라고 본다."라고 상식적인 입장으로 경고한다.

결국, 혼자만 재미있어하고 누군가 상처를 입기 시작할 때, 처지를 바꾸어 보는 것에서 머뭇거릴 때, 주변 사람들이 보기에 불편할 때 이것은 장난이 아닌 '괴롭힘'이 된다. 이 순서로 괴롭힘과 장난을 구별하게 된다. 이 사항을 아이들에게 안내하면서 장난과 괴롭힘을 구별하고, 놀이가 괴롭힘이 될 수 있음을 아이들이 이해하게 된다.

이러한 기준은 다양한 사진 자료를 가지고도 제시할 수 있다. 한 아이가 입학식에서 자신의 손에 있는 코딱지를 다른 아이에게 장난으로 가져다 댄다. 상대 아이는 얼굴을 찌푸리고 당황하며 고개를 뒤로 젖히고, 주변에 있는 다른 아이들도 좋지 않은 시선으로 상황을 보고 있다. 이런 애매한 사진을 보고 아이들에게 장난인지 괴롭힘인지 묻는다. 이런 한 컷의 사진으로도 얼마든지 장난과 괴롭힘을 구분해서 생각하게 할 수 있다.

수업 활동 _《내 탓이 아니야!》에
괴롭힘당해도 되는 사람이 있을까?

《내 탓이 아니야》레이프 크리스티안손

지음, 딕 스텐베리 그림, 김상열 옮김, 고래이야기,

2018란 동화를 읽어 주며 아이들의 반

응을 본다. 이야기 중간에 '그 애는 너

무 이상해. 난 그런 아이는맞든 안 맞든

상관없어.'라는 말이 나올 때, 어떤 아

이들은 몰입해서 "야, 네가 더 이상하

다! 아이참." 하며 흥분한다. 당하고 있는 아이가 안타까워 편

을 드는 예쁜 마음이다. 그러나 어떤 학급은 반응이 없다. 무심

한 방관자처럼 별생각 없는 듯 앉아 있다. 그럴 때 나의 마음은

솔직히 아프다. 이야기에 잘 몰입하는 나이고나보다 어린 학생들이니,

자신들과 비슷한 또래 이야기다. 그런데 반응이 없다는 것은, 평

상시 학급에서 이런 일이 일어날 때 반응이 없을 것이라고 유추

하게 된다.

다 읽고 나서 질문을 던진다.

"누구 탓이니?"

"당연히 때린 아이요. 걔가 안 했으면 이런 일 자체가 없었

겠지요."

"때린 아이의 부모 탓이요. 부모가 교육을 제대로 하지 못한 것이니까요."

질문을 더 던져 본다. 그리고 기다린다. 성인들은 20~30초 기다리지만 우리 초등생들은 10초만 기다려도 말을 시작한다.

"그냥 지켜보는 아이들이요 방관자라는 용어를 쓰는 아이도 있다."

"선생님이요. 저렇게 맞고 놀림을 받을 동안 선생님이 뭘 했나…?"

가해자, 방관자, 그 부모들, 교사, 교장 선생님 심지어 교육청, 교육부, 대통령, 모든 국민으로 확대되어 간다. 결국은 우리 모두의 잘못이라는 말을 한다. 본인들이 말하면서도 학교폭력을 막기 위해서는 여러 사람의 힘이 필요함을 깨닫고 놀라기도 한다. 그러나 갑자기 이런 대답이 나왔다.

"맞거나 괴롭힘당하는 아이도 책임이 있어요."

그러면서 아이가 친구들과 잘 어울리지 못해서, 또 괴롭힘당할 때 주변에 신고하지 않고 가만히 있기만 하는 소극적 대처가 문제라고 말했다. 아울러 그렇게 적극적으로 대처하는 힘을 길러 주지 못한 피해 학생 학부모의 책임도 있다고 말한다. 갑작스레 아득해졌다. 몇 년간 가르치며 이런 대답이 나와서 일부러 학습장에 논제로 쓰고 기다렸다.

"그래? 그럼, 괴롭힘을 당할 만한 행동을 하는 사람이 있을까?"

아이들과 이 논제를 가지고 이야기하려고 하면, 바로 생각을 못 하는 경우도 많다. 추상적인 논제긴 해도 지적인 아이가 많으면 쉽게 이야기를 풀어가지만, 아직은 4학년인지라 이런 추상적인 주제를 자연스럽게 논의하기는 어렵다. 그래서 예전 6학년을 지도하면서 겪었던 이야기를 아이들에게 해 준다.

"심수리_{그때그때 이름은 다르게 한다}라는 아이가 있었어. 전교 부회장에 똑똑하고 영리하고, 자기 것을 잘 챙기지. 이 친구가 똑똑한 것은 좋은데 친구들에게 함부로 하는 거야. 예를 들면, 단원평가를 보고 시험지를 나누어 주면서 '어머, 점수가 이게 뭐야? 이러고도 엄마에게 안 혼나면 이상한 거지.'라고 한다든지, 모둠활동 시간에 자기 멋대로 하거나, 청소할 때 선생님에게 검사 받고 가야 하는데 학원시간 늦는다고 혼자 가 버리고, 자기 동생이 학급으로 찾아오면 들어오라고 하면서 다른 아이 동생이 오면 뻔히 있는 사람을 없다고 하면서 쫓아버리는 심술도 있지. 그런데 아이들이 뭐라고 하면 여러 가지 핑계를 대며 용케 빠져나가는 거야.

어느 날 아버지가 돌아가신 지 얼마 안 된 친구가 장례를 치르고 왔는데, 거울 앞에서 상장_{슬픔을 표현하는 흰 핀}을 다시 꽂고 있으니까 지나가면서 '너는 아빠가 돌아가셨다며 별로 안 슬픈가 봐? 거울 보고 멋이나 내고. 그 핀은 멋으로 차니?' 하고 가 버리는 거야. 그 친구는 거울 앞에서 울면서 서 있었고 친구 몇몇이 보고 분노했지. 그 친구들도 당한 것이 많아서 결국은 '여우 덫'이라는 그룹을 만들어서 영리한 심수리를 따돌리고 괴롭히기 시작하는 거야. 이런 못된 행동을 하는 심수리는 따돌려야 정신 차리지 않을까 해서. 어떻게 생각해?"

나의 이야기에 넋을 빼고 듣다가 아이들은 무심결에 "못됐다. 당해 봐야 해, 그 아이도." 하고 분노를 쏟아내기도 한다. 이 점에 관해서 토론 전에 어떻게 생각하는지 솔직하게 이야기를 쓰도록 한다. 아이들은 다양하게 반응한다.

먼저 사전에 자신의 솔직한 생각을 쓰도록 한다. 이후 찬반으로 나누어 전체 토론을 한다. 다행히 '그렇다'보다는 '그렇지 않다'라는 태도를 취하는 아이가 많다. 안타까운 것은 학급별로 좀 똑똑한 아이들이 '그렇다'라는 것을 선택하고, 피해자 아이들의 무능함을 비판하는 발언을 한다는 것이다. 사실 내 마음속의 답은 이미 정해져 있다. '날 때부터 피해자는 없다. 누구든 피해자의 입장이 되어서는 안 된다.' 피해자는 어느 날 갑자기, 또는 서서히 그렇게 되는 것이다. 이유 같지 않은 이유로 말이다. 하지만 피해자도 피해자 나름이라는 아이들의 조소도 일견 이해가 된다. 피해자 중에는 내가 제시한 심수리 이야기처럼 도저히 동정할 수 없는 피해자도 있으니까.

피해자에는 수동적 피해자, 관계적 피해자, 도발적 피해자가 있다. 《내 탓이 아니야》라는 작품처럼 신체적인 이유, 가정에서의 이유, 성격상의 이유 등 다양한 이유로 괴롭힘이나 따돌림을 당하는, 그냥 피해자의 입장에 놓이는 것이 '수동적 피해자'다. 이에 비해 친구들과의 관계에서 질투나 선망, 집단의 응집력 강화 등의 이유로 관계에서 배신당하거나 왕따당하는 경우 '관계적 피해자'라고 한다. 연구 결과들은 지역별 차이가 좀 있다고 하지만 우리 교사 대부분의 경험상 관계적 피해 또는 사회적 피해자는 여학생 사이에서 발생하는 경우가 많다. 이 두 경우에는 아이들도 이런 피해자들의 억울함을 이해하고 잘못된 것임을 인식한다.

그러나 '도발적 피해자'는 피해자를 옹호하는 입장보다 '그러니까 피해자가 되는 거야. 넌 당해 봐야 정신 차리지.'라는 생각을 불러일으키는 학생을 가리킨다. 주변 친구들을 성가시게 하거나 작은 폭력을 종종 행사하고, 수업을 방해하고 학급 분위기를 엉망으로 만드는 아이를 친구들은 이해하기 어렵다. 이 경우 교사들도 학급 운영을 하면서 너무나 힘들고 진이 빠져서 처음에는 교사로서 열심히 챙겨 주다가 학부모로부터 많은 민원을 받고, 다른 학급으로부터 원성을 듣기도 하고, 그 과정에서 교사로서의 자존감이 하락하고 학급을 잘 다스리지 못한다는 낮은 효능감으로 인해 소진을 겪으면서 아이를 멀리하는 경우가 생기기도 한다. 교사도 사람인지라 어쩔 수 없이 일어나는 감정이다. 이 상황에서 학부모마저 인정하지 않으면 교사의 거리 두기는 더 심해질 수밖에 없다. 주변 사람들에게 미움을 받기 위해 의도적으로 다양하고 기괴한 행동을 하면서 학교생활을 하는 학생에게 나머지 아이들이 참다 참다 짜증과 분노를 표출한다. 결국 행동화한 다수의 아이들이 가해자가 되고, 당한 아이는 '도발적 피해자'가 되는 것이다.

그러나 이런 아이들도 친구들이 때리거나 협박한다고 이 행동을 고치지는 않는다. '도발적 피해자'들은 자신의 존재를 드러내기 위해, 자신의 위치와 존재를 증명하고자 하는 무의식적인 열망으로 부정적으로라도 행동하는 것이다. 이것을 이해시키고 가정과 협력하여 도발적 피해자에서 벗어나도록 해야 한다. 그래서 전문가의 상담이 필요하다.

심수리의 경우도 도발적 피해자라고 딱히 말하기는 어려우나 관계적 피해자이면서 도발적 피해자의 특징도 있어서 애매하다.

관계적 피해자와 도발적 피해자의 공통점은, 이 아이들이 잘못된 행동을 괴롭힘이나 따돌림을 당한다고 해서 고치지는 않는다는 것이다. 이해 안 되는 행동을 하는 아이가 괴롭힘을 당하고 맞는다고 해서 행동이 절대로 나아지지 않는다는 것을 생각하면, 실리적으로도 '학교폭력'은 바람직하지 않다. 이것을 아이들이 이해하길 기다린다.

아이들 사이에서 먼저 '그렇다' 쪽의 이야기를 쭉 들어 보고, 반대파들이 반박을 섞은 자신의 의견을 말하도록 한다. 다수인 '아니다괴롭힘을 당해도 되는 사람은 없다' 이야기를 먼저 듣다 보면, 따돌림당할 만한 아이는 당해야 한다고 생각하는 '그렇다'들이 위축될 수 있기 때문이다. 우선은 우리가 쉽게 느끼는 '그렇다'를 먼저 듣고 그 의견을 비판적으로 생각하면서 생각을 더욱 확장할 수 있다. 아이들은 설왕설래 서로 이야기하다가 어느덧 정리되면 '토론 후 생각'을 쓰도록 한다.

6학년 심수리
1학기 학급회장

- 시험 못 본 짝을 여러 사람 앞에서 망신 줌

- 친구 동생이 교실에 오니 쫓아냄

- 선생님이 시킨 청소를 친구들에게 시키고 자기는 학원간다고 가 버림

- 학교에 들어온 간식을 자기는 동생이 있다며 2개 받음

- 아빠가 돌아가신 아이를 울림

	'이 세상에는 괴롭힘을 당할 만한 행동을 하는 사람이 있는가?'
토론 전 나의 생각	지예라는 회장이 공부도 잘하고 회장이고 예능을 원하고 잘보고 이기적이고, 개디시고 드놀리고 한판큼 다시 되돌려 줄만 예능을 한 과목 된 거 같고 짝꿍 친구가 되기 싫고 지혜가 나쁜아이인건 당연한 일이고 저러로 해라 회장이라는 생각도 들기싫어
토론 후 나의 생각	1명이 괴롭히는 것보다 여러명이 괴롭히는게 더 기분이 나쁘고 상황이 바뀌면 자기 때문에고 가해자가 피해자가 되고 피해자가 가해자가 될 수있기 때문이다.

토론 주제에 관해 생각 쓰기

<토의 주제> '이 세상에는 괴롭힘을 당할 만한 행동을 하는 사람이 있는가?'	
토론 전 나의 생각	아니요. 친구들을 많이 괴롭히고 잘난척 하고 무시 한다고 해도 똑같이 그 친구를 무시하고 괴롭히면 더 나쁜 사람이 됨수있기 때문에 똑같이 행동하지 말고 어른들 께 도움을 청하는것이 더 좋은 방법인것 같다

<토의 주제> '이 세상에는 괴롭힘을 당할 만한 행동을 하는 사람이 있는가?'	
토론 전 나의 생각	있다. 어떠한 행동이라도 감싸줄 수 있다. 자랑하면 받아주고 다음에 나바라, 부럽지? 하고 오며 하는마음 갈라하면 5가 지나치면 차라리 선생님한테 이야기 해서 풀 면 될것같다. 괴롭히면 고쳐 지기는 커녕 그 피해자도 가해자가 되니까

<토의 주제> '이 세상에는 괴롭힘을 당할 만한 행동을 하는 사람이 있는가?'	
토론 전 나의 생각	예! 이유는 피해자 때문에 생긴일이 있으까! 너무 나소심하거나, 너무 생각해서 놀라서 등, 피해자 때문에 생길수도 있습니다. 그리고, 가해자들 복수를 하다가, 그일이 크게 생길수도 있어요.
토론 후 나의 생각	둘다 잘못 입니다. 왜냐하면, 그 일이 생기기 전에는, 피해자가 연거저거질를 일일수도 있고, 그거때문에 화난 가해자들이 싸움을 저질 크게 되면서 피해자신고하게 되지 가해자는 억울하게 됩니다, 그래서 둘다 잘못입니다.

토론 주제에 관해 생각 쓰기

수업 활동 _ 우리 반 이야기라면

작품을 통해 따돌림 및 괴롭힘에 대해서 생각하기 시작했고, 구체적인 사례를 들려주며 장난과 괴롭힘의 차이, 괴롭힘을 받을 만한 아이가 존재하느냐는 문제로 토론을 마치고 정리했다. 수업을 진행할 때는 내 주변과 비슷한 간접적인 이야기로 시작하고 마지막은 내 문제로 가져온다. 아이들에게 "이런 친구가 우리 반에 혹시 있다면 어떻게 할 것인가?"를 묻는다. 남의 이야기가 아닌 나의 이야기로 끌어오는 것이다.

이런 질문에 "우리 반에는 그런 아이 없는데요?" 하고 방어하는 아이도 있고, 자신들을 그렇게 바라보는 것을 불쾌해하는 아이도 있다. 유독 불쾌함을 표현하는 아이 중에는 자신이 따돌리거나 괴롭히는 행동을 한 적이 있어서 그런 것은 아닐까 유심히 보기도 한다.

"그래, 알아요. 그러니까 '혹시'라는 말을 썼지."

다행히도 아이들은 여러 가지 좋은 방법들을 꺼내 놓는다. 시간이 되면 이 방법들을 서로 읽고 원을 만들어서 한 명씩 발표하는 것도 좋다.

아이들이 쓴 다짐을 보며, 그래도 이렇게 솔직하게 말하면서도 다짐을 해 주니 참 다행이라는 생각을 하게 된다. 아이들이 이런 정의로운 마음을 계속 갖도록 우리 어른이 학교폭력 사안을 정의롭고 명확하게 해결하는 과정을 보여 주어야 한다는 생각을 한다. 선한 행동을 하는 아이가 많아지길 바란다면, 선한 행동을 하는 사람들이 인정받는 세상이 되어야 하고, 최소한 선한 아이들이 용기를 냈을 때 피해자가 보호받고 가해 학생이 벌을 받아야 한다. 가장 최악의 경우는 선한 아이들이 피해를 보는 어이없는 일이 일어났을 때일 것이다. 정의가 제대로 서는 것을 아이들이 보게 될 때 학교폭력은 자연스럽게 줄어들 것이다. 학교폭력이 기승을 부리는 것은, 아이들이 점점 나빠져서가 아니라 사회가 점점 정의롭지 못해서가 아닐까 하는 회의가 들 때가 많다.

나는 그런 친구가 있다면
그 친구를 말리고 그리고
도 안그러면 선생님께 부
탁을 드리겠다. 하지만
선생님이 안 계시면 옆반 선
생님께 도움을 요청해 그일
을 해결할 것이다. 자금까지는
그냥 말리기만 했고 친구들에
데 이제는 얘기하고 애들이
게 얘기할 것이다.

나는 그 맞던 친구를 도와주겠다
침착하게 선생님이나 경찰서에
신고하고 그 아이를 도와주겠다
내가 왕따를 당하는 것이 두려워
서 발길이 떨어지진 않겠지만
그래도 맞서겠다 내가 도와주면
그 아이도 용기를 낼 것 같다
그렇지 않더라도 선생님이나 경찰
서에서 그 때리던 가해자도 자신이
잘못 됐다는 것을 알게 될 것이다
가해자가 그래도 계속 때린다면
학폭위를 열어서 그 아이 부모님에
게 전화하고 혼을 내주면 된다

오히려 직접가서 막으면 내가 다칠
수 있으니 다른 어른들에게 알리
고 싶다. 또 상황이 어느 정도
마무리 돼면 고통인 친구를 위
로해주고 싶다. 가해자는
차갑게 보기 보다는 친절하게
대해서 완전히 반성하고
상황을 정리하고 싶다. 하

나는 친구를 고롭히는 친구가
있다면, 바로 나서기는 못할것 같다.
왜냐하면 나도 당할 수도 있고,
그러다가 협박도 있을 수 있기
때문이다. 그래서 바로, 명하게
말, 빨리 선생님께 말하기 안돼
하면 117의 소방고, 종글
신고하여, 확실하게 알리겠다!

활동 후 소감

나도 이유가 있어요!

이야기 비틀기의 묘미

《아기 늑대 세 마리와 못된 돼지》

유진 트리비자스 글, 헬렌 옥슨버리 그림, 김경미 옮김, 시공주니어, 2006 라는 책 표지를 보여 주면 여러 학생이 고개를 갸우뚱한다.

"어, 아기돼지 세 마리와 늑대 아닌가? 돼지가 나쁘다고?"

아이들이 두런두런 이야기를 나누며 교실이 소란스러워진다.

"그러게요. 이제까지 알던 이야기와 다르지요? 여러분이 아는 〈아기 돼지 삼 형제〉 그 후의 이야기라고 생각하세요."

원전을 비틀어 쓴 이야기가 간혹 있다. 대개가 편견에서 벗어나 새로운 시각을 제시하려는 작가들이 쓰는 것 같다. 백설

공주를 '흑설공주'로 잠자는 숲속의 공주를 '퀘스타 공주'로 각 색하여 여성들의 주체적인 삶을 강조한 바바라 G. 워커의 《흑설 공주 이야기》박혜란 옮김, 뜨인돌, 2002는 특히 딸들에게 꼭 읽히고 싶다.

동화나 고전은 어른에게도 많은 재미를 준다. 우리가 읽는 이른바 명작이라고 하는 이야기가 두고두고 아이들에게 읽히는 것은, 이야기 속에 담긴 상징, 인간에 대한 통찰, 세상사에 대한 지혜 등이 담겨 있기 때문일 것이다. 하지만 좀 더 깊이 생각해 보면, 이야기를 읽으면서 자유로운 상상력을 일으키고 비판적 으로 읽는 사고력을 기를 수도 있다. 문득 '왜 그래야 하지?'라 는 의문을 가질 때가 종종 있다. '인어공주는 왜 왕자와 꼭 결 혼해야 하지?', '백설공주는 처음 보는 왕자를 뭘 믿고 따라가 지? 남아 있는 난쟁이들은 뭐지?', '헨젤과 그레텔을 버린 부모 는 무슨 마음이었을까? 먹고 살기 어렵다고 아이들을 버리다 니, 참 아이가 살기 힘든 세상이었겠다.' 등 다양한 생각을 하게 된다. 이렇게 끊임없이 비틀어지고 비판될 수 있기에 명작이 아 닌가 싶다.

아울러 이야기에 숨어 있는 인간의 가장 잔인하고 공격적인 어두운 본성을 상징하는 인문학의 보고가 동화라는 생각도 든 다. 대학교 때 정신분석학적 견지에서 동화를 해석한 글을 접한 적이 있다. 〈잠자는 숲속의 공주〉가 물레에 찔린다는 것, 〈헨젤과 그레텔〉에서 마녀를 불에 태워 죽인다는 것이 인간의 성적이고 공격적인 심리적 에너지들을 상징한다는 글을 읽으며 이렇게도 해석할 수 있다는 점에 놀란 적이 있다.

이야기 비틀기와 관련하여 새롭게 창작한 글들이 꾸준히 나오는 원작 중 하나는 〈아기 돼지 삼 형제〉다. 이 시간에 배울 《아기 늑대 세 마리와 못된 돼지》, 《늑대가 들려주는 아기돼지 삼 형제 이야기》존 셰스카 글, 레인 스미스 그림, 황의방 옮김, 보림, 1996가 대표적이다. '돼지는 착하고 늑대는 악하다'

라는 이분법적인 생각에서 벗어나 그 반대일 수도 있고, 각 인물들에게 사연이 있을 수도 있기에 편견을 깨도록 하는 좋은 작품들이다.

영국 전래동화인 〈아기 돼지 삼 형제〉의 이야기를 모티프로 창작한 《늑대가 들려주는 아기 돼지 삼 형제 이야기》는 늑대가 돼지 삼 형제를 공격하는 이유를 재채기 때문이었다고 변명하는 재미있는 이야기다. 늑대의 변명을 소재로 '늑대의 행위에 죄를 물을 수 있는가?' 여부를 판단해 볼 수 있다. 찬반 팀으로 나누면 아이들이 몰두해서 재미있게 토론한다. 보통 5, 6학년 토론 수업에 수준이 맞다. 이 내용을 가지고 5학년이 토론하는 수업에서, '법적인 근거'를 들어가며 늑대의 주장을 반박하는 의로운 검사 같은 아이도 있었다.

4학년은 아직 체계적인 토론에 대한 교육이나 경험이 없는데, 《아기 늑대 세 마리와 못된 돼지》는 간단하게 찬반 토론할 수 있게 쉬운 내용으로 구성된 작품이다. 아울러 이 책을 선택한 이유는 아기 늑대 세 마리가 애초에 나쁜 아이들이 아니듯이, 못된 돼지도 처음부터 나빴던 것이 아니라 초대를 거절하고 무시하고 놀아 주지 않는 늑대들에게 화가 나서 공격적 행동을 했던 것에서 다양한 시각차가 있음을 깨닫게 하고 싶었다. 수업을 구성하면서 어머니의 말씀에 편견을 가진 아기 늑대들의 두려움과 그로 인한 경계와 푸대접, 이에 상처 입은 돼지의 엄청난 공격적 행동을 보고 아이들 사이에 어떤 이야기가 오갈지 궁금해졌다.

우선 아이들 모둠을 찬반으로 나눈다. 찬성과 반대를 자신이 선택하도록 하면 좋지만, 토론은 주어진 상황에 최선을 다해 자기편의 입장을 옹호하는 지성 스포츠이기에 사회자의 오른편을 찬성, 왼편을 반대로 나누어 이야기를 듣고 주장 근거를 찾게 한다. 디귿 자 배열에서 가운데 배심원 입장에서 보았을 때, 왼편은 검사팀으로 '돼지를 처벌해야 한다'를 주장하도록 하고, 오른편은 변호사팀으로 '돼지를 처벌하는 것은 옳지 않다'를 주장하게 한다. 법정을 생각하면 좀 쉬울 것이다. 옹호를 위해서는 근거가 있어야 한다. 근거를 찾아야 하므로 아이들은 자연스럽게 이야기에 집중하게 된다.

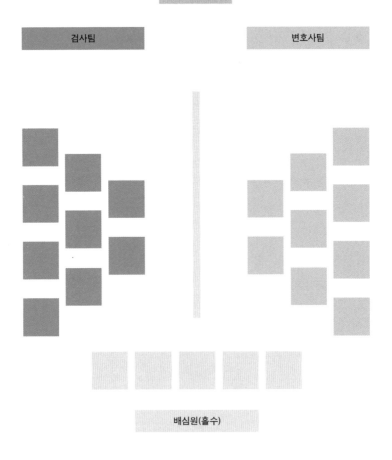

모의법정 자리 배치

사연 들으며 논거 찾기

　이야기를 읽어 주면서 아이들의 표정을 살피면 제각각이다. 그냥 이야기 자체가 즐거운 아이들이 있다. 문을 열어 주지 않고 무시하는 말로 경계하는 아기 늑대들에게 아주 험악한 방법으로 복수하는 장면에 어이없어하다가 왠지 신난다는 표정을 짓는 아이들이 있다. 망치로 집을 부수고, 드릴에 다이너마이트까지 동원하여 콘크리트 집을 부수는 행위를 보면서 이를 드러내고 즐겁게 웃는다. 공격하는 자체가 즐거운 것이다. 동화가 아이들의 이런 욕구들을 대신 충족해 주는 역할을 하는 면이 있는 것 같다. 이런 아이들은 아직 어린아이 같은 순진한 면이 있다.

　그러나 발표를 곧잘 하고 소위 모범적인 아이들, 그중에서도 변호사팀을 맡은 아이들의 얼굴은 점점 어두워져 간다. 돼지를 변호해야 하는데, 돼지의 행동이 너무 폭력적이고 위법인지라 어찌할 바를 모르는 것이다. 4학년 아이들의 도덕 발달 특성은 '금 밟으면 죽는다'인데 이런 비도덕적인 돼지를 변호하라니…. 많이 괴로워하는 모습이 눈에 보인다. 그러나 질 게 뻔한 게임에서 버티는 것, 좌절할 만한 상황에도 희망을 찾으려는 인내의 순간, 의외로 탈출구를 찾아 배심원을 설득하는 데 성공하기도 한다. 어려운 경기에서 이겼을 때 그 승리가 더 값지듯이, 어려운 조건의 변호 환경에도 배심원의 지지를 받았을 때 얼마나 감동하는지 가끔 보게 된다.

돼지의 죄가 없다는 것이 아니라 이미 반성하고 아기 늑대들과 잘 지내는 태도를 옹호하는 논리가 설득력을 얻어, 돼지가 큰 처벌을 면했다는 것에 감사하는 모습을 보인다. 하지만 변호인 팀이 이기는 경우는 드물다. 대부분 돼지의 죄를 철저하게 추궁하는 검사팀의 논리가 더욱 타당하게 전개된다. 죄를 지은 것은 변하지 않는 사실이기 때문에 그에 대한 책임을 져야 한다는 것을 아이들도 마음속으로 느끼는 것이다. 나도 에니어그램 1번으로 정의로움에 유독 민감한 성격인지라 돼지를 너무 적극적으로 비호하고 배심원이 변호인의 입장을 지지할 때는 솔직히 불편하다. 돼지의 입장을 좀 생각해 보자는 취지에서 이 책을 선택했으면서도 말이다.

수업 활동 _《아기 늑대 세 마리와 못된 돼지》 모의법정

"아, 어떡하냐… 우리가 어떻게 이기냐고! 돼지가 범죄를 저

질렀는데."

"하지만 돼지가 반성했고 아기 늑대들과 친해졌고, 서로 잘 지내게 되었잖아? 이미 용서받았는데, 뭐."

변호를 맡은 아이들은 겉은 거칠지만 마음은 선한 돼지를 옹호할 방법을 생각하느라 바쁘다. 검사팀도 돼지의 범법 행위를 어떻게 드러낼 것인지 고민한다. 아이들은 고민한 것을 학습장에 근거로 하나씩 작성해 간다.

각자 주장 근거를 작성하면, 교사인 내가 사회자가 되어 변호사팀과 검사팀이 서로 발표를 공정하게 하도록 조율한다. 4학년이 사회를 맡기에는 어려우므로 교사가 적극적으로 사회자 역할을 한다.

먼저 검사팀에서 돼지의 죄를 낱낱이 말한다. 학급별로 차이가 있다. 어떤 학급에서는 어린 늑대를 어른이 다 된 돼지가 심리적, 물리적으로 위협했다는 사실에 방점을 둔다. 또 다른 학급에서는 힘들게 지은 집을 계속 부수었다는 '재산상 손실'에 초점을 둔다. 돼지의 공격에 늑대들이 죽을 수도 있었다는 '생명 위협'을 더욱더 강조하는 아이도 있다. 심지어는 불법무기소지죄, 가택침입죄 등 어디서 들었던 죄명을 생각해 내는 유식한 모습도 보인다.

돼지의 분노와 공격성을 과장하여 표현한 점이 동화의 특성이라고 생각했지만, 막상 법정 상황에서 다투다 보니 사실로 다루어진다. 집을 부수고, 이 과정에서 목숨을 위협하고, 싫다고 하는데 자꾸 와서 초대해 달라고 조르는 등 돼지의 행동은 그야말

검사 팀	변호인팀
주장: 돼지는 용서받을 수 없다. 따라서 돼지는 처벌을 받아야 한다.	**주장:** 돼지의 행동은 정당하다. 돼지의 행동은 돼지만의 문제가 아니다.
이유1: 돼지가 집을 부셨대 다이너 아이트로 부셨는데 그때 늑대들 꼬리가 탔으니 돼지는 처벌도 해야한다.	**이유1:** 처음부터 의심하지 말고 돼지의 마음을 다스리는 것을 생각했어야 합니다.
이유2: 아무리 돼지가 화났다고 해도 집까지 부순 것은 아니라고 생각합니다.	**이유2:** 돼지는 혼내게 말도없습니다.
이유3: 돼지도 무단무기죄가 있습니다. 왜냐하면 폭탄과 다이너마이트는 허가를 받고 사용해야 하기 때문입니다.	**이유3:** 피해자가 용서하고 가해자가 잘못을 인정했습니다.

<토론 주제>

피고 돼지를 아기 늑대 삼형제를 괴롭힌 죄로 처벌을 해야 한다.

검사 팀 (상대팀 의견)	변호인팀 (우리팀 의견)
주장: 돼지는 용서받을 수 없다. 따라서 돼지는 처벌을 받아야 한다.	**주장:** 돼지의 행동은 정당하다. 돼지의 행동은 돼지만의 문제가 아니다.
이유1: 재산상의 손실을 입혔기 때문입니다.	**이유1:** 죄가 남아 있다고 해도 피해자가 용서를 했기 때문입니다.
이유2: 사름을 봤면 용서를 했다는 말이 없었습니다.	**이유2:** 늑대들이 꽃은 만들 있으 면 했는 강작 그렇게 하지 않은 늑대들의 잘못
이유3: 돼지가 늑대의 집을 세개나 날렸기 때"이 처벌을 '받아야'합니다.	**이유3:** 돼지에게 벌을 강하게 내리면 돼지가 더 나쁘게 변할
	배심원 판결 있기 때문입니다.

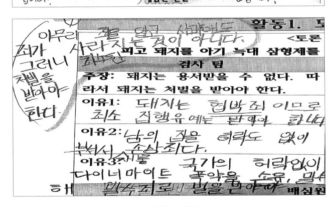

모의법정 활동

로 형법적 시각에서 보았을 때는 무기징역 감이다. 문득 변호사 팀이 당황할 수밖에 없는 상황이구나 싶어서 미안해진다. 하지만 어떻게 버티며 돼지 편을 들지도 기대가 된다.

"돼지가 잘못한 것은 사실이지만, 피해자인 늑대들과 화해하고 좋은 이웃으로 어울리게 되었는데, 굳이 죄를 물어 처벌하면 오히려 삐뚤어지지 않을까요?"

"돼지는 그냥 침입한 것이 아니라, 초인종을 누르고 문 좀 열어 달라고 하며 같이 놀자고 했습니다. 그런데 늑대들이 엄마 말만 듣고 선입견을 품고 돼지에게 '절대 안 열어 줄 거야.' 하고 너무 심하게 밀어내니 돼지가 자존심이 상해서 그런 것임을 알아주어야 합니다."

"꽃냄새를 맡고 마음이 부드러워져서 춤을 추는 것을 보면, 돼지는 분명히 착한 면이 있습니다. 처벌은 행동을 바꾸려고 하는 것인데, 이미 마음이 착해지고 행동을 바꾼 돼지에게 벌을 내리는 것은, 복수일 뿐입니다."

나름 돼지의 처지를 이해시키려고 노력을 많이 한다. 말이 서툴기는 하지만, 아이들은 깊이 있게 그 처지를 이해할 사고력을 지니고 있음을 느끼게 된다. 심지어 옹호할 거리를 찾다 보니, 원래 작품에서 근거를 끌어온다.

"예전 〈아기 돼지 삼 형제〉 이야기에서 늑대가 돼지들을 얼마나 괴롭혔습니까? 첫째, 둘째, 셋째의 집을 이유 없이 공격하고 잡아먹으려 했습니다. 그때의 안 좋은 감정이 지금까지 대대로 전해진 것입니다. 그때 늑대가 사과했습니까? 그리고 복수도 아니고 화해하고 지내자고 찾아온 돼지를 그렇게 몰아낸 늑대들이 더 문제일 수 있습니다."

그 반박 또한 만만치 않다.

"피해자가 용서했다 하더라도, 마을 사람들 앞에 '죄를 저질 렀으면 벌을 받는다.'라는 본보기를 보여야 합니다. 법이 왜 있습 니까?"

"독립했지만 아직 어린 늑대들을 왜 자꾸 찾아가서 초대해 달라고 조릅니까? 어린 늑대들이 얼마나 무서웠겠습니까? 스토 킹입니다."

"같이 잘 지내자고 온 것은 이해할 수 있지만, 아직 준비가 안 된 아기 늑대들이 거절한다고 공격해서 집을 부수는 것은 재 산상 손해를 끼친 것입니다. 아울러 생명의 위협까지 있었고요."

토론하다 보면 아이들을 새롭게 발견하기도 한다. 평상시에 는 별로 참여하지 않거나 조용한 아이들이 갑자기 열정적으로 변호사나 검사가 된 듯이 활약할 때 같은 반 아이들은 놀라고, 나 또한 신이 난다. 교육 방법을 다양하게 변주하면서 아이들은 흥미를 느끼고 참여하는 기회를 더 얻게 되는 것 같다.

배심원 역할을 맡은 아이들은 검사팀과 변호사팀의 의견을 듣고 각자 결론을 내린다. 배심원은 홀수로 하고, 이들이 각자 어 느 팀이 옳다고 발표하면 승패가 갈리는 것이다. 배심원들은 판 결을 내리면서, 사형을 구형하기도 한다. 가끔 현명한 판결문이 나오기도 하는데, 공정하게 판결하기보다는 자신의 의견을 좀 더 강화하는 경향이 더 두드러진다. 대부분 검사팀의 손을 많이 들어 준다.

배심원 판결

판결! 돼지는 죄가 (있다, 없다).

왜냐하면 재산상의 문제를 떠나, 늑대들이 열심히 꿘 걸을 무시하는 행동 말로 할수도 있는데 무력을 사용했습니다.

따라서, 돼지는 살인 미수 죄로 무기징역

하도록 판결을 내립니다.

모의법정의 배심원 판결문

늑대들이 처음부터 돼지를 무시하고, 따돌림을 당했기 때문에 돼지는 억울했다.

또, 돼지가 잘못을 뉘우치고 피해자들이 돼지를 용서해 주었으므로 돼지는 벌을 받지 않아도 된다.

수업 활동 _ 각 인물에게 편지 쓰기

토론을 마치고 아이들에게 각 인물에게 쪽지를 써 보라고 한다. 토론하면서 못다 한 이야기를 하는 심정으로 쓰는 아이도 있고, 토론 중에 상대방의 의견을 들으며 그럴 수도 있다는 생각에 새 관점으로 상대를 바라보며 이해의 심정을 표현한 아이도 있다. 물론, 더 강하게 충고하는 아이도 있다. '정의'와 '배려', 법

돼지야, 너가 옛날에 늑대들에게 당했더라도 똑같이 하는 것이 더 나쁜 거야. 차라리 말로 하면 더 좋았을 것 같아. 그리고 상처가 있다고 더 괴롭히면 안돼!!! 그리고 다이너마이트는 국가의 허락을 받고 사용해야지, 아니면 필수죄로 은팔찌 2개 찰 수 있다 ^^메모1

늑대 삼형제야 돼지가 어떻게 행동할 지 몰랐는데 안 열어주어 돼지에게 역효과를 준 것 수도 있어 돼지를 안으로 들여서 얘기를 나눴보다면 더 좋았을 거야. 게다가 너넌가 어리다고 해도 3:1이었으니 돼지를 쏘려뜨릴 수도 있었잖아. 겁이나도 다음엔 선입견을 가리지 않았으면 좋겠다

돼지야, 너가 망치로 집을 부수고, 폭탄으로 부수긴 했지만 뒤늦게 라도 잘 못을 뉘우쳤으니 다행이야. 물론, 아기 늑대 세마리도 잘 못한 것이 있어. 진작 꽃으로 집을 만들지 않았으니까 말이야. 앞으로는 집을 부수지 말고, 아기 늑대 세마리와 친하게 지내봐. 그래도 잘 못을 뉘우친 것은 메모1 대단한 일이야!! !!!

혹시 왜 돼지가 그렇게 행동 했을까? 도 생각 해봐. 그렇게 하면 돼지의 마음을 알고 친해져서 집을 새로 만들 필요도 없을거야. 그래도 화해 했으니 다행이다. 앞으로는 둘도 없는 소중한 친구로 남아서 행복하게 남은 삶 살렴~!

돼지에게 쓰는 편지   늑대에게 쓰는 편지

의 엄정함과 인정을 바탕으로 한 조언 사이에서 아이들은 중용을 배우게 된다. 바르다 못해 편협한 정의감을 가질 수 있는 나이, 배려하다 못해 사리 판단을 놓칠 수 있는 아이들이다. 다양한 관점에 놓이는 연습을 통해 아이들의 마음이 더 넓고 깊어지길 소망한다.

7차시
이해가 안 되지만
사랑하는 그들

가족의 환상을 깨다

유은실 작가의 《멀쩡한 이유정》변영미 그림, 푸른숲주니어, 2008
중 〈할아버지 숙제〉 부분을 읽고 많이 웃었다. 장르는 아동문학
이지만, 할머니의 입담을 통해 할아버지를 아무렇지 않게 낮춰
말하고 비속어를 써 가며 신세 한탄하는 모습이 생생해서다. 교
과서에 나오는 표준화되고 재미없게 꾸며진 대화체와는 정반대
의 대화를 읽으며 일종의 카타르시스를 느꼈는지도 모르겠다. 실
제 아이들에게 이 글을 읽어 줄 때, 배꼽 잡고 웃는 아이도 있고
보통 개구쟁이 중에 이렇게 반응하는 아이가 많다, 다소 당황하면서도 재미
있다는 듯 웃는 아이가 대부분이다. 물론 어릴 때의 나처럼 '학
교에서 저렇게 생생하게 욕을 읽어도 되나?' 하는 심각한 표정으
로 듣는 모범생 아이도 몇몇 있다.

하지만 이 작품을 읽으며 나는 묘한 위로를 받는다. 다른 집
들이 학교에서 배운 것처럼 이상적이지만은 않다는 점에서 안심

하는 것이다. 우리는 가족에게 사랑과 응원을 받지만 사실 불편
함과 서운함, 그 이상의 증오와 원한을 갖기도 한다. 나이가 들어
가면서, 이 세상은 도덕 교과서에나 나올 법한 긍정적이고 건전
한 가족 관계만 존재하는 것이 아님을 자신과 주변 경험을 통해
느낀다. 더구나 아이에게 언어나 정서적 학대를 가하는 사람의
80%가 주 양육자라고 하지 않는가?

2014~2018년 연도별 아동학대 피해 아동과 아동학대자와의 관계 구분

구분	2014년	2015년	2016년	2017년	2018년	계	18년/14년
총계	10,027	11,715	18,700	22,367	24,604	87,413	2.5
부모	8,207	9,333	15,048	17,177	18,919	68,684	2.3
친인척	559	562	795	1,067	1,114	4,097	2.0
어린이집 보육교사	295	427	587	840	818	2,967	2.8
학교교사	145	234	576	1,345	2,060	4,360	14.2
유치원	99	203	240	281	189	1,012	1.9
아동복지시설	177	296	253	285	313	1,324	1.8
타인	124	187	201	294	360	1,166	2.9
기타	421	473	1,000	1,078	831	3,803	2.0

단위: 건, ⓒ 김광수의원실

　　2019년도에 조사된 자료를 보아도 열 명 중 여덟아홉 명은
부모에 의한 학대라고 하니, 어쩌면 가정은 우리가 꿈꾸는 안전
하고 사랑이 넘치는 곳만은 아닐 수도 있다는 생각이 들어 씁
쓸하다. 신체, 정서, 성, 방임 등 학대의 종류는 다양할 것이며,
초등학교 시기가 가장 높다니 초등 교사로서 마음이 참 우울
하다.

이렇게 겉으로 드러나는 '학대'가 아니더라도 가족 관계에서 받아야 할 심리적인 지지를 못 받고, 심지어 남들에게 인정받는 아이인데 부모만 어리고 무능력하다고 봐서 정서적인 결핍감에 시달릴 수도 있다. 이 경우 '인정 욕구'에 목말라 하며 자존감이 낮은 사람으로 성장하게 된다.

또는 이해할 수 없는 행동 비행, 외도, 돈 문제 등으로 다른 가족을 고통에 빠뜨리기도 한다. 내가 가족을 불편하게 하는 존재일 수도 있지만, 가족 간에 문제 있는 사람이 주는 상처로 인한 고통이 마음 전체를 검게 물들이며 생활의 활력을 빼앗는다. 이해할 수 없는 행동으로 고통을 주면 처음에는 그래도 가족이니까 안고 가지만, 그 이상의 강도로 고통이 몰려올 때는 가족과 대화가 끊기고 남들이 알까 봐 두려움에, 또 배신감에 단절하고 살게 된다.

이런 극단적인 경우가 아니더라도, 서로가 편하다 보니 감정의 민낯을 보이고, 그러면서 마음에 작은 상처가 켜켜이 쌓이기도 한다. 그것을 우리는 '미운 정'이라고 포장하기도 하지만 이런 상처로 인해 삶의 많은 부분을 고통과 불안으로 채우는 경우가 종종 있다. 가족이라는 의리로 참고 살지만, 가끔은 그런 고통의 공간에서 벗어나 독립하는 것이 서로를 위해 현명할 수도 있다는 생각이 든다.

자라면서 생각했다. '나만 그럴까?' 아니었다. 그리고 수업하면서 간간이 표현하는 아이들의 이야기 속에서 내 어릴 적과 비슷한 정도로 훈육받는 아이도 보여서 학대 수준은 아니더라도 안쓰러

왔다. 생글거리며 말하다가 갑자기 눈물을 보이는 모습을 보니 분명 상처도 받고 있었다.

　나의 학창 시절에는 인권이라는 말이 무색할 정도로 부모와 학교에서 많이 맞는 편이었고 조롱과 비난을 포함한 언어폭력도 가끔 있었으며, 그러면서도 수치심에 아무에게도 말을 못 했다. 나만 이렇게 사는 것 같아 억울해도 마음을 숨기면서 위로도 받지 못했다. 어쩌면 부모님이 먹고살기 너무 힘들어 자식의 마음을 섬세하게 대하고 챙기지 못한 것일 거다. 하지만 그것이 마음의 상처가 되었고 종종 느끼던 수치심은 나를 무거운 사람으로 성장시켰다. 너무 진지하고 다소 강박적인 사람으로 자랐으며, 가장 안타까운 것은 즐거움과 행복을 늘 미루며 살았다. 바르고 잘 살아남았지만, 마음은 늘 심각하고 진지하다. 나만 그렇게 상처 받은 것이 아니었다는 것을 조금 더 일찍 알았다면, 위로가 되지 않았을까? 나만 그런 것은 아니라는 것은 묘한 위안을 준다.

　이 작품을 보면서 아이들이 가족 관계에서 느낀 좌절과 숨은 상처를 위로하고 싶었다. 특히 내 가족만 도덕 교과서와 다른 것이 아니라, 다른 가족도 그렇다는 것을. '왜 우리 가족은 이 모양이지?'라는 수치심의 고통에서 벗어나게 하고 싶었다. 심리학에서 이상적인 자아와 현상적 자아의 괴리가 적을수록 건강하다고 하지 않는가? 그러니까 은연중에 내가 기대하는 나의 모습과 현실에 처한 나의 모습의 차이가 크면 클수록 열등의식에 사로잡혀 마음이 매우 힘들다는 것이다. '행복은 자족으로부터 나온다'는 말이 괜히 나온 것은 아니다. 가족도 그러하다. "너희 가족도 그래? 우리 가족도 그러는데." 서로 어이없이 웃으면서 완벽하지 않고, 실수투성이 가족을 있는 그대로 받아들이게 하고 싶었다. 이상적인 가족의 모습과 현실적인 모습의 차이를 줄이면서 완벽하지 않은 가족이 대부분임을 알리고 싶었다. '흐르는 강물처럼'로버트 레드포드, 1992이라는 미국 영화가 있다. 자유롭고 방탕하게 살다가 젊은 나이에 요절한 둘째 아들을 위해, 목사인 아버지가 했던 말은 지금도 기억에 남는다.

"가족은 서로 이해할 수는 없더라도 사랑할 수는 있습니다."

가족은 애증의 이중성을 가졌다는 특징을 아이들이 어렴풋이 이해하게 하고 싶었다. 가족은 늘 도덕 교과서처럼 사랑을 주기만 하는 존재가 아닐 수도 있음을 알림으로써 심리적인 예방주사를 맞히고 싶었다.

수업 활동 _《멀쩡한 이유정》 읽고 생각 나누기

작품이 좀 길다. 빠른 속도로 정성 들여 생생하게 읽어 주려고 노력한다. 하지만 어쩔 수 없이 조금 지루해하는 아이들이 있다. 그래서 원본을 훼손하지 않는 범위 내에서 줄여서 읽기도 한다. 여러 학급에 여러 번 읽어 주다 보니, 이제는 자연스럽게 쭉쭉 읽게 된다. 읽으면서 생각한다. 내가 즐거워했던 부분, 내가 뭉클하게 느낀 부분을 아이들도 공감해 주었으면 좋겠다고 말이다. 이야기를 읽다가 할머니의 직설적인 어법이 나올 때 아이들의 반응을 궁금해하며 읽는다.

"…아니, 처먹었다는 것을 처먹었다고 하지 그럼 처 잡쉈다고 하냐?"

대부분의 아이가 웃는다. 학급마다 다르기는 하지만, 수업 중에 유달리 활력 넘치는 아이들이 재미있다고 소리 내어 웃기도 한다. 자신의 감정을 솔직하게 표현하는 아이들이 귀엽고 순수하게 느껴진다. 그래서일까, 난 자신을 드러낼 줄 아는 아이들을 가르치는 것이 즐겁다. 말이 없고, 하라는 대로만 하는 아이들을 만나면 가끔 가슴이 갑갑하고 수업에 영 흥이 나지 않는다. 차라리 조금 반항도 하고, 자기 생각도 열심히 말하고, 에너지가 넘치는, 약간은 야생마 같은 아이들과 더 마음이 맞고 수업에 흥이 난다. 마음이 살아 있는 아이들이 좋은 것은 어쩔 수 없다.

이야기를 들려주기 전에 활동1의 질문들을 우선 살펴보게 한다. 들으면서 나름의 답을 찾도록 안내한다. 센스 있는 학생들은 들으면서 바로바로 생각을 써 나간다. 중요한 것은 쓰는 것이 아니라 생각하며 들으라는 것이다. 그런데 너무 쓰는 것에 몰두하는 아이도 있다. 끝나고 공책을 바로 검사해 주면서 "너무 많이 쓰느라 고생인데, 좀 적게 써도 되겠어."라며 슬쩍 코치한다. 이런 과정을 반복하면 스스로 적절한 지점을 찾을 것이다.

활동1. 함께 이야기하기

모둠 친구들과 이야기를 나누어 봅시다.(간단히 쓰고 이야기 나누기)
나눔1. 이야기의 어느 부분이 가장 재미있는가? -나의 의견: -마음에 남는 친구 의견:
나눔2. 할머니의 솔직한 불만 이야기에 대한 아버지의 반응에 대해서 어떻게 생각하는가? -나의 의견: -마음에 남는 친구 의견:
나눔3. 내가 주인공이라면 숙제를 어떻게 하겠는가? -나의 의견: -마음에 남는 친구 의견:

이야기를 들려주고 아이들과 전체적으로 이야기를 나눌 수도 있지만, 짝끼리 쓴 답을 서로 바꿔 보면서 나와 어떤 점이 다른지 찾아보는 방법도 있다. 여유가 있으면 하브루타를 활용한다. 즉, 짝꿍과 서로 질문하고 이야기를 듣는다. 내가 짝에게 질문하고 짝이 대답한다. 짝의 대답을 들으며 궁금한 점은 질문한다. 그리고 바꾸어서 이번에는 짝이 같은 문항에 대해 질문하면 내가 답한다.

경청과 요약 기술은 학습의 기본이다. 초등학교 1, 2학년 지도가 유난히 힘들다고 느끼는 이유는 학생들이 자신의 말과 표현에 몰두하다 보니 친구들, 심지어 교사의 말도 경청하지 않기 때문이다. 이는 집중 시간이 짧다는 발달 단계상의 특징도 있지만, 많은 미디어에 노출되면서 덜 자극적인 현실 상황에 집중하는 것에 어려움을 겪는 것 같다. 그래도 학교는 이를 극복하기 위해 교사들이 각고의 노력을 한다. 특히, 학습에 본격적인 흥미가 생기는 4학년 때부터 경청과 요약 기술을 훈련하기 위해 하브루타 방법을 적극적으로 활용하면 아이로서는 평생의 자산이 될 기술을 배우는 기회가 된다.

질문 세 개 중 핵심 질문은 세 번째다. '내가 주인공이라면 어떻게 숙제를 하겠는가?' 이 질문을 위해 작품을 모두 읽지 않는다. 경수 엄마가 "경수야, 그럼 이렇게 하면 어떻겠니?" 하고 말을 꺼내는 부분에서 멈춘다. 친할아버지도 외할아버지도 그렇게 자랑할 만한 것도 없고, 오히려 남들이 알지 않았으면 하는 비밀이 있다. 친할아버지는 술주정뱅이, 외할아버지는 노름꾼이다. 주인공 입장에서 참 갑갑한 상황이다. 내가 이런 처지라면 어떻게 할 것인지 아이들의 의견을 들어 본다.

"저는 사실대로 말할 거예요. 어떻든 내 할아버지이니까 용기 내어 말하는 것이 오히려 마음이 편할 것 같아요."

내가 원하는 답을 말하는 착한(?) 아이도 있다. 물론 실제 상황에서는 정말 이럴 수 있을까 싶지만 말이다. 그래도 그런 마음을 갖는다는 것이 다행이다.

"저는 창피해서 말을 못 할 것 같고요, 숙제해 가지 않아요. 그냥 핑계를 대요."

"그냥 거짓으로 써 가요."

"두 할아버지 말고, 친척 중에서 자랑할 만한 할아버지를 조사해요."

인간적으로 솔직한 답을 하는 아이도 꽤 많다. 좀 더 기다려 보면 용케 이런 의견이 나온다.

"할아버지의 장점을 계속 찾아보고, 그것 위주로 써요."

"말을 좀 바꾸어 보면, '술을 좋아하시는 분이었다', '옛날 게임하는 것을 좋아하셨다'로 하면 어떨까요?"

하지만 대부분의 학급에는 이러한 묘안을 떠올리는 아이가 없다. 작품에서는 이런 식으로 같은 사람의 같은 행동을 긍정적인 시각에서 제시한다. 말이라는 것이 참 신기한 게, 같은 행동이라도 보는 시각에 따라 다르고, 이런 말은 생각의 방향을 바꿀 수도 있다는 것을 아이들이 경수 엄마의 말을 통해 이해하게 된다. 밝히기 창피한 사실을 솔직하지만 에둘러서 얘기하는 기술도 나름의 지혜가 아닌가 싶다.

수업 활동 _ 가족이란 무엇인가

한바탕 의견을 듣고 가족이란 무엇이라고 생각하는지 묻는다. 따뜻한 이불이다, 빛이다, 행복이다, 나의 생명이다 등등 도덕 교과서에 나올 만한 아름다운 이름으로 말하는 아이가 대부분이다. 하지만, 나의 몹쓸 직설적 어투가 또 등장한다.

"선생님은, 가족이란… '웬수'라고 생각해요."

아이들은 웬수가 무엇이냐고 묻다가, 일종의 비속어 아닌가 싶은지 조금 당황하기도 한다. 히죽거리며 웃는 개구쟁이도 있다. 아울러 진지하게 생긴 선생님이 이런 말을 왜 쓰는지 의심에 찬 눈으로 바라보기도 한다.

"'웬수'는 '원수'와 비슷한 말인데, 좀 다르지요. '원수'는 그야말로 증오와 복수의 대상이지만, '웬수'는 사랑과 정과 미움 등이 섞여 있는 말이거든요. 결국 가족은 사랑하지만 이해가 안 되어 답답하고, 미운 정 고운 정 쌓인 사람들이라고 생각해서, 선생님은 이렇게 표현해 보았어요."

이런 직설적 표현은 인성교육 시간이 빤한 도덕 시간이 아니길 바라는 심정에서 일부러 쓰는 경우가 많다. 자신의 삶과 연결하고, 마음의 상처를 어루만지는 출발점으로 삼는 것이다. 아이들이 '어, 선생님도 저런 말을 하네?' 하며 조금은 의아해하면

서도 자기 가족도 생각하면서 솔직해지도록 하기 위함이다. 아
울러 혹시나 가족으로 인해 마음의 상처를 받은 아이들이 있다
면 선생님의 직설적인 표현으로 조금이라도 숨통이 트였으면 하
는 바람이다. 아이들은 나의 말을 듣고 나름대로 생각하며 가족
에 관해 기술한다. 아이들의 이야기를 들으면서 4학년이지만 깊
이 있는 표현에 놀랄 때가 있다.

가족이란 (뼈를 거느 **)이다.**
왜냐하면, 한덩쿨씨 땅땅하기때이어서

가족이란 (피규어이다. **)이다.**
왜냐하면, 피규어가 다오여지면 예쁘기 때문에 다뮌이
모이면 더 멋이예쁘다.

가족이란 (나무 **)이다.**
왜냐하면, 가지 가지 뻗어있지만 서로 같은 몸이니까

가족이란 (김밥 **)이다.**
왜냐하면, 김밥의 재료가 1개가 빠지면 맛이 없는 것 처럼 가족도 1명 이빠지면
속상하기 때문이다.

가족이란 (역사 **)이다.**
왜냐하면, 잊고 싶고 미운 역사도 있지만 지금나라는 우리의 이야기가
담겨있기 때문에 가족과 비슷하다. 또, 가족의 형태가 다른 것
처럼 각국의 역사도 다양하다. 우리 집의 역사도 다양하다.

'가족이란' 활동

가족에 대한 이상과 현실의 차이로 괴로워하는 아이가 있다면 좀 벗어나게 하고 싶어서 이야기를 읽고 '웬수'라는 표현까지 썼는데, 아이들은 한 걸음 더 나아가 중립적인 입장에서 가족을 바라본다. 서운함과 억울함을 느끼게 하는 가족이기도 하지만, 한 뿌리에서 나온 가지들이고 서로 어울려야 하는 김밥이고, 한 걸음씩 성장하는 계단이며 다양한 추억과 이야기를 만들어가는 역사라니… 아이들의 반짝이는 생각은 참 멋지다.

우리 가족에 관하여

이제 작품 이야기에서 내 이야기로 돌아온다. 결국 아이들의 이야기를 듣기 위해 작품을 읽고 이야기를 나누며, 가족에 대한 비유적인 표현까지 했다. 우리 가족에 관해 내 생각과 걱정하는 점, 바라는 점 등을 생각하라고 한다.

가족에게는 차마 못 한 말을 떠올려 보라고 한다. 잔소리 많은 부모님, 생업으로 바쁜 부모님, 사랑과 이해보다는 갈등이 많을 수 있는 형제들. 가끔 이승환의 '가족'이라는 노래를 들려주기도 한다.

개인심리학의 창시자인 알프레드 아들러Alfred Adler의 말에 의하면 우리는 가족과의 생애 초기 관계 속에서 어쩔 수 없는 열등감을 느끼게 되고, 이 열등감을 극복하기 위해 우월성을 추구하는 활동을 하며 생활한다. 이 활동이 긍정적으로 뻗어 나가면 자기 분야에서 성공하거나 타인에게 관심을 쏟고 열정을 발휘하며 건강하게 성장하지만, 부정적으로 뻗어 나가는 경우에는 열등감 콤플렉스complex에 빠져서 우울해하고 좌절하며 무기력한 모습으로 살아가거나 잘못된 목적 행동 등을 보인다. 즉, 지나치게 관심을 끌려고 한다거나 그릇된 방향으로 힘을 쓰거나, 타인을 괴롭히거나 무력하고 수동적인 모습을 보일 수 있다.

인생의 색채를 결정하는 가족 관계는 그만큼 아이의 생활양식life style을 지배한다. 이러한 인생관 및 행동 방식은 아동기에 두드러진다. 아이들은 어떤 눈으로 자신의 가족과 인생을 바라볼 것인가. 이런 어려운 용어로 표현하지 않더라도, 현재 아이들이 자기 가족을 어떤 관점으로 보는지 점검하는 것은 자신에게도 중요하다. 친구들의 의견을 들으면서 공통점도 있고 차이점도 있음을 발견하며 가족의 모습이 다양함을 느끼는 것도 의미가 있다.

4학년은 말할 때와 하지 않을 때를 구분하는 눈치가 있다. 가끔 너무 솔직한 친구도 있지만 그만큼 순수한 것이라 생각한다. 아버지와 어머니, 형제들에 대한 좋은 점과 부탁할 점을 쓰게 한다. 양성평등이 많이 이루어졌지만, 아이들의 학습장에 아버지는 조금 무심하거나 가족의 생계를 주로 책임지는 사람, 술 많이 마시거나 담배 자주 피우는 사람, 집안일에서는 한 발짝 물러나 적당히 아이들과 놀아 주고 무심하게 스마트폰으로 게임이나 뉴스, 스포츠 등을 보면서 피곤함을 이유로 방임하는 듯한 모습을 보이는 분이 많다. 가끔 요리를 잘하신다는 말도 있지만,

아이들의 세대가 내 세대와 크게 달라지지 않았구나 하는 생각이 든다.

　이에 비해 엄마는 잔소리하는 등 훈육을 직접 담당하는 사람, 때로는 악역을 하는 느낌이 여전하다. 앤서니 브라운이 그린 《돼지책》허은미 옮김, 웅진주니어, 2001처럼 엄마가 양육을 도맡다시피 하는 가족 이야기는 아직도 진행 중이라는 생각에 문득 한숨이 나온다.

　베스트셀러 《82년생 김지영》조남주 지음, 민음사, 2016을 보아도 그러하다. 우리의 무의식에 박힌 남자와 여자, 여자와 남자를 차별하는 시각은 사회에 커다란 결계를 치고 우리를 지배하는 것 같다. 깰 수 있을 것 같은데 깰 수 없는 견고한 장벽은 남자나 윗세대가 일방적으로 강요한 부분도 있지만, 어느덧 여성의 의식 일부에 각인되어 문화적으로 세습되고 오랜 기간 서서히 물들어 간다. 그렇게 세뇌되는 것을 알면서도 깨지 못하고 그러려고 용기를 내지도 못하는 여성 자신에게 일정 부분 책임이 있다고 어렴풋이 느낄 때가 있다. 그럴 때 자신에 대한 절망과 좌절이 세상을 향한 짜증과 분노로 치환되는 경험을 하게 된다. 딸들을 위해서는 더욱더 평등해져야 하는데 세상은 그런 것 같지 않고, 그렇다고 세상에 분란을 일으키고 싶지는 않아서 알아서 복종하는 자신을 발견할 때면 딸에게 미안해진다.

　가족에게 부탁할 점을 쓰는데, 아빠에게는 '술을 좀 줄이세요', '담배 좀 끊으세요', '좀 놀아 주세요', '핸드폰 좀 그만 하세요'가 많다. 엄마에게는 '화 좀 그만 내요', '잔소리 좀 그만 하세요', '비교 좀 그만 하세요' 등 억울한 마음을 표현한 부탁이 많다. 하지만 가끔 '엄마도 예쁜 옷 좀 사서 꾸미고 다니세요', '엄마도 맛있는 것 드세요'처럼 엄마가 가족을 위해 희생하는 것을 알아주는 기특한 아이도 있다. 아이들은 철딱서니 없는 듯 보이지만, 모든 것을 보고 어른만큼 느낄 수 있음을 깨닫는다.

　미울 때도 있고, 서운할 때도 있지만 나를 이 세상에 있게 해 주었고, 여전히 나를 보살펴 주는 존재, 내 편인 존재가 내 가족이라는 것을 아이들은 안다. 그리고 남들과 비교해서 모자랄 수도 있고 부족할 수도 있지만, 그래도 내가 사랑하는 존재임을 아이들이 이해하는 시간이었기를 바라며 수업을 마친다.

누구	좋은 점	바뀌었으면 하는 점
아빠	잘 놀아 주신다.	화를 많이 낸다.
외할머니	용돈을 많이 주신다.	뽀뽀을 너무 많이 하신다.
엄마	많은 것을 사주신다.	화를 많이 낸다.
동생	귀엽다.	고자질 쟁이 이다.
친할머니	자주 않아주신다	X
나	운동을 좋아한다.	숙제를 열심히 하자

나의 가족이 가끔은 서운하고 가끔은 이해할 수 없지만 여전히 사랑한다. 왜냐하면, 가족이니까. 서로 사랑하는 존재니까. 그리고 서로 존중하고 많은 좋은 우의을 가지고 있으니까. 나는 가족을 무척 사랑한다. 가족은 가족이니까.

누구	좋은 점	바뀌었으면 하는 점
할머니	나에게 잘해 주신다.	건강을 챙기시면 좋겠다.
할아버지	운동을 잘 하신다.	짜증내시지 않으셨으면 좋겠다.
엄마	영어를 잘 가르쳐 주시고 무뚜따른 자주 보내썼다.	TV좀 보게 해주세요. 제발!!
아빠	병을 잘 고치신다.	다정하게 대해주시면 좋겠다.
동생	귀엽고 애교를 떤다.	맨날 징징 짠다.
나	공부를 잘한다.	잠을 너무 많이 잔다.

나의 가족이 가끔은 서운하고 가끔은 이해할 수 없지만 여전히 사랑한다. 왜냐하면, 나를 사랑해주시고 나를 이 세상에 나를 태어나게 해주셨기 때문이고 내가 이세상 에서 가장 사랑하는 존재들이기 때문이다.

'우리 가족에 관하여' 활동

누구	좋은 점	바뀌었으면 하는 점
엄마	요리를 잘 하신다.	잔소리 하시는 것.
아빠	게임을 많이 해주신다.	술 마시는 것.
해린	시를 잘 쓴다.	다른 사람의 마음을 먼저 생각하는것
1동생	다른 사람을 웃게 해준다.	많이 먹는 것.
2동생	귀엽다.	검내지 말고 씩씩하게 노는것
나	숙제를 스스로 한다.	동생에게 잔소리 하기 X 것.

나의 가족이 가끔은 서운하고 가끔은 이해할 수 없지만 여전히 사랑한다. 왜냐하면, 나를 이세상에 태어나게 해주셨고, 나를 사랑 해주셨고 나를 먹여주시고 세워주시고, 안역서서 여다 어떤 부모님이 하나님인 두 부모님시다.

누구	좋은 점	바뀌었으면 하는 점
아빠	우리에게 필요한 돈을 버신다.	담배를 끊었으면 좋겠다.
엄마	우리가 먹는 집밥을 만들어주신다.	예쁘게 꾸미고 다니면 좋겠다.
동생	나한테 칭찬을 많이 한다.	재롱은 그만 내면 좋겠다.
나	친구가 많다.	손톱을 그만 뜯었으면 좋겠다

나의 가족이 가끔은 서운하고 가끔은 이해할 수 없지만 여전히 사랑한다. 왜냐하면, 가족은 내가 잘못 했을 때도 서운하지만 이해해준다또 나를 이 세기상이 나으게 해 주셨고, 나를 넓들어 주기 때문이다.

'우리 가족에 관하여' 활동

누구	좋은 점	바뀌었으면 하는 점
엄마	나에게 음식을 잘 주신다	엄마 동안 같은 음식을 많이 드세요.
아버지	용돈을 많이 주시고 착하시다고	술은 좀좀 마세요!
누나	나와 같이 놀아준다	나를 괴롭혀도 덜 괴롭다.
형	형과 게임을 하는 게 재미가 있고 믿어줘	나를 때려라. 그래도 괜찮다
조카	재미가 있고 착하다	그런게 화를 그런
나	착하고 올바르다	성격이 조금 나쁘다

나의 가족이 가끔은 서운하고 가끔은 이해할 수 없지만 여전히 사랑한다. 왜냐하면

나를 낳고 의심하시고 말하셔서 아니까 그 식이 세네 부끄러운 말로 잘 충남 말을 하고 싶지 않는 것을 계속 조금 은 가족이 싫을 때도 있다

누구	좋은 점	바뀌었으면 하는 점
아빠	모두 다 해준다,	장난을 그만 치셨으면 좋겠다
엄마	벼랑 못된 점을 고치게 해준다	무서운 것이 바뀌었으면 좋겠다
할머니	착하시다.	뽀뽀를 그만 해주셨으면 좋겠다
할아버지	똑똑하시다.	화를 그만 내셨으면 좋겠다.
나	공부를 많이 한다	그만 혼나면 좋겠다

나의 가족이 가끔은 서운하고 가끔은 이해할 수 없지만 여전히 사랑한다. 왜냐하면, 가족은 가족이기 때문 이다.

'우리 가족에 관하여' 활동

서로 다른 건 당연해요

샌드위치를 바꾸어 먹는다?

상대의 처지가 되어 생각해 보는 '공감'의 방법에는 여러 가지가 있다. '다른 사람의 신발을 신어 본다put yourself in others' shoes'는 영어의 숙어가 참 그럴 듯하다. 특히 여성이 신는 하이 힐의 고통을 느끼게 하기 위해서는 직접 신어 보는 것 이상 좋은 방법은 없을 것이다. 《샌드위치 바꿔 먹기》켈리 디푸치오·라니아

알 압둘라 왕비 글, 트리샤 투사 그림, 신형
건 옮김, 보물창고, 2011 는 이러한 '공감'
으로 문화의 다양성을 이해하도록
안내하는 책이다.

땅콩버터 샌드위치를 먹는 '릴
리'와 후무스 샌드위치를 먹는 '셀
마'가 둘도 없는 단짝이었다가 상
대방의 샌드위치를 보면서 역겹다,

미식거린다 등의 혐오 표현을 하면서 사이가 멀어지게 된다. 하지 말아야 하는 말임을 알면서 먼저 공격한 릴리와 그 공격에 발끈해 되갚으며 심한 말싸움을 하고 멀어지게 된 두 소녀의 싸움 후 이어지는 침묵.

안타깝게도 사건은 침묵으로 끝나지 않는다. 샌드위치에 대한 혐오는 민족 간의 싸움으로 확대된다. 땅콩버터라는 서방의 문화와 후무스라는 이슬람 문화는 결국 아이들 사이에 갈등을 가져오고, 서로를 조롱하고 신체를 비하하는 등 모욕적인 말로 이어진다. 그러다가 급식실에서 음식물을 서로 던지며 전투가 벌어진다. 이 상황을 지켜보는 릴리와 셀마는 불편한 마음으로 서로를 물끄러미 보며 서 있다. 다음 날 점심시간, 셀마가 먼저 릴리에게 말을 걸고 서로의 샌드위치를 먹어 보면서 둘은 결국 화해한다.

책 표지를 보여 주며 질문을 시작한다.

"샌드위치를 바꾸어 먹는다는 게 무슨 뜻일까?"

이 질문에 아이들은 이 생각 저 생각하다가 그럴듯한 답변을 내놓는다.

"친구가 싸 온 것이 맛있어 보여서 좀 먹어 보자 하는 거 아닐까요?"라고 반찬 서로 나누어 먹는 것과 같은 의미에서 말하는 아이도 있고, "서로 친구니까 나누어 먹어 본다는 뜻이요.", "바꾸어 먹으면서 우정을 쌓는다는 것인가 봐요."라고 뭔가 아는 듯이 말하는 아이도 있다

"그래요? 그럼, 이따가 제목의 뜻에 대해서 다시 물으면서 이

야기를 들어 볼게요."

나와 다른 문화를 이해한다는 관용의 정신, '톨레랑스 tolerance'를 아이들이 깨닫기에는 아직 시간이 필요하다. 인종, 신체적 특징이나 장애, 종교, 신념이나 사상, 성 등의 다양성을 받아들이는 정신을 아이들이 과연 이해할까 걱정도 되었지만, 아이들은 자신의 수준으로 내가 전하고자 하는 바를 이해하리라 믿고 수업을 진행한다.

또래기의 박탈

3학년부터 아이들은 또래 관계를 적극적으로 형성하고 4학년이 되면 본격적으로 단짝이 생긴다. 1, 2학년 때는 나랑 노는 아이와 놀지 않는 아이로 학급 친구들을 생각한다면, 3, 4학년이 되면 나와 맞는 아이와 그렇지 않은 아이로 친구를 구분한다. 특히 4학년 2학기가 되면 여학생들 사이에 슬슬 무리가 생기는 것을 보게 된다요즘은 그 시기가 더 빨라지고 있다. 친구들에게 관심이 생기고 친해질지 말지 고민한다.

안타까운 것은 아이들이 자연스럽게 형성, 유지하거나 갈등으로 깨지고 다시 회복하는 또래 관계 과정을 겪을 기회가 점점 박탈되고 있다는 것이다. 아이들이 놀이터에서 노는 시간이 줄어들고, 여러 가지 학원 생활로 바쁘게 지내다 보니 이런 기회가 점점 줄어든다. 1, 2학년 때 엄마들 사이에 형성된 엄마 친구의 자녀와 같이 놀다가 3, 4학년이 되면서 슬슬 자기와 잘 맞는 친구와 사귀려는데 시간이 허락하지 않는다. 더 안타까운 것은 3, 4학년인데도 여전히 엄마가 아이의 친구 관계에 관여하는 경우도 있다. 생일 파티에 올 친구를 정하는 것도 엄마 허락을 받아야 하고, 엄마에게 누구를 초대해 달라고 부탁하면 엄마가 초대할 친구에게 물어보거나 전화해서 그 엄마에게 허락을 받는다.

이런 상황에 코로나 대유행으로 인해 아이들의 또래 관계 경험은 더 제한되었다. 2년간 아이들은 등교를 들쭉날쭉했고, 친구를 초대하거나 초대받아 가는 경우도 드물게 되었으며, 세상이 무섭다고 하니 집에 있는 시간이 더 많아졌다. 사이좋은 형제라도 있으면 좋으련만 집에 따로 있거나 혼자 있고, 이런 빈자리를 게임이나 유튜브 시청으로 채우게 되었다. 물론 로블록스, 제페토 등의 메타버스에서 '크루_{일종의 온라인 세계 동료}'들과 '월드_{일종의 모임}'를 형성하며 이러한 상호작용을 대체하지만, 그 장단점은 아직 연구가 덜 되어 있다.

'유아기의 박탈'은 주 양육자와의 심리적인 유대감인 '애착'이 결핍되면서 아이의 심리 성장에 기초가 되는 인간에 대한 신뢰감이 결핍되고, 이로 인해 인간관계에 있어 집착, 무관심, 변덕 등과 같은 패턴을 형성한다. 마찬가지로 3, 4학년 '또래기의 박탈'은 앞으로의 사회성을 형성하는 기초를 다지기가 어려워짐을 의미한다. 스스로 용기 내어 친구를 사귀고, 싸워도 보고 마음 상해도 보고 갈등을 해결하면서 아이는 다양한 감정을 경험하고, 관리하는 방법도 익히게 된다. 서로의 실수를 어느 정도 용납하고, 미숙한 또래 관계 기술을 부모나 학교라는 울타리 안에서 시험해 보는 것이다. 그러나 이러한 울타리에 부모가 과하게 끼어들거나 너무 방치하면, 아이는 혼란을 겪고 갈등 상황에 건강하지 못하게 대처하는 패턴을 형성한다. 지나친 공격성이나 위축, 또는 방관적 거리 두기 등 다양한 방법으로 말이다. 교사 입장에서는 부모가 관심을 두고 지켜보되, 어디까지나 아이의 일로 존중했으면 좋겠다.

가끔 아이의 일을 부모의 일로 확대 재생산 하는 경우를 본다. 아이들끼리의 싸움인데, 상대방 아이의 이력을 말하며 "그 아이가 그런 아이라 우리 아이가 일방적으로 공격을 당했다."라고 말하는 부모도 있다. 예전에는 어머니끼리 전화로 서로 사과하고 종결되기도 했는데, 요즘은 아버지가 끼어들면서 '법적 대응'이니 하는 말이 오가고 전화로 서로 험한 말을 하다가 부모 대 부모의 갈등으로 확대된 것을 학교에 해결해 달라며 요청하는 경우도 종종 있다. 아이 사이의 싸움을 중재하는 것은 그나마 해 볼 만하지만, 부모 간의 다툼은 매우 진이 빠지고 힘들다. 아이들의 또래 관계 성장을 위한 중재라는 본질에서 벗어나 부모 간의 시시비비를 따지고 자존심 세우기까지 학교가 해야 하는지 난감하다. 아이가 또래 관계를 형성하고 갈등을 해결하면서 심리적으로 성장하는 과정을 지켜봐 주었으면 하는 바람이다.

또래기의 박탈과 더불어 학교 현장에서 가끔 만나는 마음 아픈 상황은, 학급에 잘 적응하지 못하거나 발달장애나 행동 및 정서 문제가 있는 아이들을 만날 때다.

몇 년 전 3학년 인성교육 시간이었다. 각자 소원을 말하며 시작하는데, S가 "저는 우리 반에 Y가 없어졌으면 좋겠어요."라고 했다. 순간 잘못 들었나 싶어서 되물었다. S는 동요하지 않고 같은 말을 반복했다. 이유를 물었다. 마음에 안 들면 자신의 물건에 침을 뱉고 예닐곱 살 아이처럼 떼써서 심지어 선생님에게도 자주 주변을 힘들게 한다는 것이다. 그런 아이가 학급을 어떻게 휘젓고, 얼마나 힘든지 나 또한 다양한 사례를 중재하면서 겪어 보았기에 그 아이의 심정이 이해는 되었다. 그러나 마음에 들지 않는다고 사람에게 '없어졌으면 좋겠다.'라는 표현을 써 가며 공격적으로 배제하는 시각은 분명 문제였다.

　"그래, 네 마음은 알지만 여기서 듣고 있는데, 그렇게 말하면 이 친구가 상처를 받지. 차라리 'Y가 배려심이 생겼으면 좋겠어요.'라고 말하면 낫지 않겠니?"

　아이는 나의 제안이 맘에 들지 않았는지 입이 나와서 나를 노려보았다.

　S가 5학년이 되었을 때, 그 반에 자폐 스펙트럼 장애가 있는 K가 같은 반이 되었다. 3학년 때는 K가 선생님에게 험한 욕을 하고 교실 밖으로 뛰쳐나가는 등 학급 친구들을 힘들게 했지만, 5학년이 되었을 때는 확실히 변화가 있었다. 잘 앉아 있고, 토론에도 잘 참여하며 가끔 노래를 부를 때도 옆에서 공부 시간이니까 조용히 해 달라고 하면 멈추는 등 점점 긍정적인 변화를 보였다. 물론 험한 말을 하거나 욕을 심하게 해서 주변을 당황하게 했지만, 그러면 안 된다고 충고하면 "예, 죄송합니다." 하고 금방

수긍했다. 담임 선생님도 K 때문에 특별히 어려운 것은 없고, 오히려 재미있는 의견을 내어 수업에 활력을 주기도 한다고 했다. 적당히 거리를 두는 아이, 도와주는 아이, 잔소리하는 아이 등 K를 대하는 아이들의 반응은 다양했다.

그러나 S는 노골적인 적대감을 보였다. 어느 날 S의 부모님이 학교로 전화했다. K 때문에 학급이 교과 진도도 제대로 못 나가고 학업에 몰두를 못 하여 힘들다는 것이다. 그러면서 왜 우리 아이는 늘 이상한 아이들하고 같은 반이어야 하느냐며 속상함을 여과 없이 표현했다. "그런 이상한 아이들은 격리해야 하는 것 아니냐, 특수학교로 보내야 한다."라며 말하는데 무척 당황스러웠다.

20년 전에 반에 중증 자폐가 있는 학생이 있을 때도, 학부모로부터 이렇게 대놓고 격리해야 한다는 말은 들어 보지 못했다. K는 오히려 훨씬 비장애에 가까운 아이인데 이런 불만을 학교에 쏟아 내다니 어리둥절했다. 어머니 말을 전해 들으면서 S의 적대감이 어디서 비롯되었는지 한순간에 이해할 수 있었다. S가 나쁜 아이는 아니다. 공부도 잘하고 모범적인 면도 있다. 물론 삐딱하고 비판적인 면도 있지만, 그것도 똑똑함의 다른 표현일 것이다. 하지만 그 삐딱함이 소외된 아이들을 위한 것이 아니라, 내가 피해 보는 상황을 만드는 대상에 대한 적대감으로 이어지기에 걱정스러웠다.

이 반 아이들과 정식 토론을 하는데, K는 사회자가 되어 대본대로 읽으며 역할을 잘했다. 지하철에서 역 안내하는 아나운

서처럼 말을 했지만, 아이들은 처음만 좀 재미난다는 듯 웃을 뿐, 곧 익숙해지고 자기들 역할을 하느라 바빴다. K는 조금 서툴지만 최선을 다해 사회자 역할을 했다. S는 반론자의 한 명으로, 특유의 비판의식으로 상대를 꿰뚫어 보고 반론을 멋지게 해나갔다. 이렇게 서로의 영역에서 조금씩 이해하면서 잘 지내는 것이 우리가 바라는 사회의 모습일 것이다.

가끔 나와 조금 혹은 많이 다른 아이들을 만나기도 한다. '나와 좀 다르구나.' 하고, 있는 그대로 수용하는 경험을 하고, 조금 피해를 보더라도 아직 크지 못한 Y와 K 같은 아이들도 결국 한 사회에서 같이 살아가는 구성원이고 이웃임을 이해하는 것이 필요하다. 이렇게 다름을 수용하는 태도는 학교에서 형식적 교육과정 중에 가르치기도 하지만, 아이들이 매일 생활하면서 잠재적으로 더 많이 배우기도 한다. 이런 태도 교육이 사회생활의 기초가 된다.

그런데 학부모 중에 나와 많이 다른 것, 부족한 것을 참지 못하고 공격적인 언사로 비난하거나 격리를 요구하는 분이 있다. 그런 태도를 보면 당황스럽다. 그리고 마음이 아프다. Y와 K에게도 부모가 있는데, 그 부모의 마음은 왜 헤아리지 못할까? 사회는 어차피 각인각색이 '어울려' 살아가는 곳인데, 그들을 어떻게 격리하라는 것인지, 어떤 기준으로 그들을 판단하고 가두겠다는 것인지 안타까울 뿐이다. 무엇보다 그런 우월감의 시각이 내 아이의 사회생활에 독이 될 수 있음을 깨달으면 좋겠다.

혐오의 시대다. 맘충, 유부충, 진지충 등 사람을 다 벌레로 말하고, 극단적인 여혐 문화에 맞대응하여 남혐이란 말까지 등장했다. 본인이 그 대상이 될 수도 있는데, 나만 빼고 모두가 불만스러운 행동을 한다는 생각으로 상대방을 혐오의 시선으로 바라본다. 아이들의 마음에 온유한 수용, 관용의 마음을 키우기 위해 사회의 이런 분위기가 순화되길 간절히 바랄 뿐이다. 교사로서 아이들에게 나와 다른 것을 존중하는 감수성을 키워 주는 것에 최선을 다하면서 말이다.

수업 활동 _《샌드위치 바꿔 먹기》내용으로 질문 만들고 메시지 파악하기

"이야기를 들으면서 궁금한 것이 있거나 답을 아는 내용이 나오면 친구들에게 낼만한 퀴즈로 만들어 보세요."

이야기를 읽어 주기 전 아이들에게 이 책을 알린다. 압둘라 왕비가 지은 이야기라고 말이다_{영화 '알라딘'이 한창 유행할 때는 아이들}이 더 흥미진진하게 들었다. 그리고 미국의 저명한 인사들이 적극적으로 추천한 이야기임을 알려 주면 아이들이 더욱 몰두하고, 왕비에게 질문할 거리를 찾는 아이도 있다.

책을 읽어 주면서 아이들에게 간단한 퀴즈를 내서 집중하게 한다. 마지막에 두 아이가 화해하고, 교장 선생님에게 찾아가서 특별한 행사를 제안한다는 말이 나올 때, 더 이상 읽지 않고 질문한다.

"어떤 행사를 제안했을까?"

"샌드위치를 바꾸어 먹는 행사를 했겠지요."

"그런데, 샌드위치를 안 먹는 나라도 있잖아?"

한 아이의 의미심장한 말 한마디에 바로 생각을 바꿔 용케 맞히는 아이가 있다.

"아하, 그럼 전통음식들을 바꾸어 먹는 행사를 하나 보다."

어떻게 그렇게 추리를 잘하느냐며 칭찬하면서 마음속으로 집단 지성이라는 것이 이런 것이구나 하고 감탄했다.

《샌드위치 바꿔 먹기》 속에 나오는 음식 바꿔 먹기 행사 장면

음식 바꾸어 먹기 행사 장면에서 아이들은 다양한 음식에 꽂힌 국기들을 보다가 한국 아이와 김밥 그림이 있는 것을 보고 깜짝 놀라며 즐거워한다. 아마도 우리나라 출판사에서 독자인 한국 학생들을 배려한 것이리라. 그런데, 어떤 아이가 또 비판적인 시각으로 바라본다.

"우리 전통 음식이 김밥이야? 김치나 불고기 뭐 이런 것으로 하지. 김밥은 아닐 수도 있겠지만, 왠지 일본 거 같다."

김밥이 일본의 '노리마끼'라는 음식의 변형이라는 것을 정확히는 알지 못해도 김밥이 우리나라 전통 음식이라고 할 수는 없음을 아는 아이들이 있다니 재미있다.

아이들이 두세 개씩 만든 질문을 모둠별로 서로 읽어 보고 가장 괜찮은 질문을 뽑는다. 그리고 그 질문은 그 모둠의 생각 주제가 되고, 그 주제로 서로 또 이야기를 나눈다.

"선생님, 저희 말하다 보니까 생각 주제를 좀 바꾸고 싶어요. 되나요?"

가끔 다른 주제로 갈아타기도 한다. 모둠별로 정한 생각 주제로 대화하고 그것을 전체 아이들에게 소개해야 하니, 좀 더 많은 의견이 나오는 주제로 다시 생각하는 것이다. 또는 생각 주제가 같은 모둠이 많은 것이 불편해서 다른 기발한 주제로 바꾸는 모둠도 있다. 어떤 과정이든 아이들의 생각이 펼쳐져 나가는 것이라 반갑다.

학생들이 뽑은 질문만으로도 의미 있는 대화들이 오고 감을 관찰하게 된다. 예를 들면 다음과 같은 의견들이 나온다.

1. 식당에서 둘은 왜 마주보고 있었을까요?
2. 각 나라 음식 바꿔 먹기 행사를 연 이유는?
3. 셀마와 릴리는 어떻게 친구가 되었을까요?
4. 왜 땅콩버터 S에서 시작해서 후우스 S로 끝나나요?
5. 이렇게 입장 바꾸어 생각해야 할 이유는?
6. 4모둠과 같은 질문.

1. 릴리와 S가는 왜 사이가 나빠졌을까요?
2. 같이 함께 지 않을 때 어떤 기분이었나
3. 언제 가장 친한 친구가 되었나요?
5. 식당 아주머니 기분이 어땠을까요?
4. 왜 둘은 음식 바꿔먹기 행사를 제안했을까요?
6. 왜 둘은 서로 배려하지 못했을까요?
7. 먹어 본 적도 없는데 왜 구역질 난다고 했을까?

학생들이 모둠별로 뽑은 질문

★ 주제1 : 작가는 왜 이 책을 만들었나요?

- 사람마다 먹는 것_{취향}은 모두 다르다는 것을 알려 주고 싶어서

- 입장을 바꾸어 생각하지 않는 친구들을 위해서

- 다른 사람들의 다양성을 잘 생각하는 것이 좋겠다는 것을 생각해서

★ 주제2 : 왜 땅콩버터 샌드위치에서 시작해서 후무스 샌드위치로 끝나는가?

- 먼저 공격한 사람이 릴리_{땅콩버터 샌드위치 주인}고 같이 싸웠지만 용서하고 받아들이며 사과하는 사람은 셀마_{후무스 샌드위치 주인}니까

- 시작과 끝이 달라도 결국 하나라는 뜻

솔직히 아이들이 주제2를 생각해 낼 줄 몰랐다. 학급별로 차이가 있지만, 생각이 살아 있는 아이들은 고민하며 문제를 만들고, 서로 좋은 문제를 끌어낼 줄 알고 더 나아가 좋은 의견을 낼 줄 안다. 4학년부터 생각의 폭과 깊이가 개인마다 차이가 크게 나기 시작함을 느낀다. 이 폭을 줄이려면 모둠별로 서로 의견을 나누며 나보다 잘하는 친구의 의견을 들어 보는 것이 매우 중요하다. 생각의 폭을 넓히고, 나보다 부족한 의견을 내는 친구에게는 내 의견을 말하고 이해시키면서 생각을 다지고 논리적인 허점을 스스로 느끼도록 한다.

이처럼 콜버그가 도덕적 추론 능력을 향상하기 위해 훌륭한 방법이라고 말하는 '+1 effect'가 4학년 교실에서 심심찮게 드러난다. 다행인 것은 훌륭한 생각, 기발한 생각을 늘 한 아이만 내는 것이 아니라 각자의 경험으로 서로 자극한다는 것이다. 우리가 걱정하는 아이들의 사회성은 서로 같이 생활하고 놀면서도 길러지지만, 수업 시간에 대화할 기회를 많이 주어서 서로를 이해하고 공감, 배려하는 태도를 통해 친 사회적 행동을 섬세하게 길러간다고 생각한다.

수업 활동 _ 작가에게 질문하기

활동 후에는 시간이 부족하더라도 마무리를 해야 한다. 단순히 활동 후 소감을 쓰도록 할 수도 있고, 작가에게 쪽지 쓰기로 마무리할 수도 있다. 아이들이 이 책을 통해 교사로서 의도한 것을 과연 느꼈는지가 드러나니, 마무리는 가장 중요하다. 다행히 대부분의 아이는 이 책이 어떤 의미를 담고 있고, 나아가 이 수업을 왜 기획하고 진행했는지 이해한다.

지금 세계는 여러 가지 분쟁으로 어렵다. 2022년 현재는 강대국들의 힘겨루기로 위태롭지만, 이슬람 세력과 서방 세력과의 갈등은 테러와 그에 대한 복수로 계속된다.

몇 년 전 6학년 아이들과 세계 문화에 관해서 이야기할 때다.

"요즘 IS가 벌이는 테러로 참 걱정이지요, 그런데…."

갑자기 똘똘한 한 여학생이 말한다.

"선생님, IS 전체가 테러 단체라고 하시면 안 돼요. IS는 이슬람이라는 뜻도 있어서요. 이슬람 국가들이 모두 테러 단체는 아니잖아요?"

영재 학생이라는 소문답게 상식이 풍부하다. 수니파 이슬람 극단주의 무장단체가 IS고, 그들이 '이슬람 국가Islami State, IS'를 자처한 것은 맞다. 하지만 이 아이는 자칫 이슬람 국가들은 모두 테러 단체라고 생각하는 것을 지적한 것이라서 인정했다. 요즘 이슬람 세계에 대해서 정식으로 알아보자는 움직임들이 있다. 보도를 통해 그들의 과격성에 두려움을 가질 수밖에 없지만, 과연 그들이 왜 그러한 행동들을 하는지 그리고 우리와 마찬가지로 어떤 고유한 문화가 있는지 섬세하게 이해할 필요가 있다. 편견을 걷어내기 위해서 말이다. 아울러 서양인들에 의해서 부정적인 의미로 이름 붙여진 경우가 종종 있다. 이런 것들을 찾아내며 편견과 차별을 지우는 것이 관용교육의 시작일 것이라는 생각이 든다.

코로나가 중국에서 시작되면서, 코로나를 '우한 폐렴'이라고 하며 노골적으로 중국을 공격하던 미국 대통령이 있었다. 그 영향 때문인지 서양에서 중국인뿐만 아니라 아시아인을 대상으로 묻지 마 공격을 가하는 일도 종종 보도되었다. 시대마다 편견과 차별은 새롭게 일어나고 우리도 모르게 그것에 물든다. 이러한 선입견에 물들지 않으려면 교사 자신도 깨어 있어야 한다.

이 책의 작가에게

작가님, 이 책의 의도는 '서로 다름의 인정'을 알리려는 게 아닌가, 싶은데요, 제 생각이지만요, 이 책을 읽고 저는 인정뿐만 아니라 겉모습으로 판단하지 말자, 라는 것도 느꼈습니다. 왜 이 책을 추천하는 사람이

메모1

많은지 알겠어요. 저도 커서 작가님 같은 마음을 가지고서 이런 멋지고 좋은 책을 만들게요. 꼭 만나뵙고 싶어요. 제가 그런 책을 만든다면 꼭 한번 읽어봐주세요~!

이 책의 작가에게

작가님, 왜 이런 책을 만드셨는지 알겠같아요. 왜냐하면 서로의 문화를 존중하고 겉모습만 보고 판단하지 말자, 서로의 문화를 살펴보니 어떤 문화가 있는지 알아봤죠. 같이 함께 하는 마음을 가져라, 화해를 최대한 빨리하라 라는 마음으로 쓰셨던 같아요. 또 작가님

메모1

은 참 아름다우신 것 같아요. 왜냐 선생님도 입으시고요, 선생님 저까지도 반응을 주다니 아름다우시거요. 알려진거 닮으신거라 아니라 나쁜 것 말이에요. 역시 그런 점 예쁘시고, 사랑스러워 보이세요. 역시 마음까지 착하시네요. 앞으로도 계속 예쁜 마음 가지기를 진심으로 기원합니다!

서로에게 수호천사가 되어 보아요

나의 수호천사는 누구일까?

2차시에 《폭풍우 치는 밤에》를 읽고 서로 마니토_{수호천사}를 정한 후 아이들은 신경을 많이 쓴다. 수호천사를 정하는 과정에 다양한 해프닝이 일어난다.

어느덧 쉬흔의 나이가 되었지만, 여전히 내가 못 버리는 성격은 가끔 올라오는 '화'다. 그래서 내가 가장 좋아하는 미덕이 '평온'인가 보다. 마니토를 뽑기 위해 미리 작성한 이름패를 아이들에게 주는 순간, 가끔 나의 화를 유발하는 학생이 있다. 뽑자마자 "야, 내가 너 뽑았다! 너는?" 하고 묻는 몰지각한 아이들이 있어서 다시 이름패를 거둬들여야 하는 때가 가장 화났던 것 같다. 아이들의 마음을 이해하지만 그렇게 부탁했는데도 단 몇 분을 참지 못하고 말하는 아이들에게 배신감까지 느끼기도 한다.

4학년 인성 수업이 시작되고, 아이들에게 가장 많이 듣는 말은 "선생님, 언제 마니토 밝히나요?"다. 복도에서 지나가다가 만나면 "선생님, 저 오늘 수호천사한테 선물 받았어요!" 하고 자랑하거나 "수호천사가 아무것도 해 주는 것이 없는데, 꼭 복수할 거예요!" 하고 투덜대기도 한다. 초반에는 엄청나게 궁금해하고 신경을 쓰다가 밝히는 날이 가까워지면 조금 시들해지기도 한다. 두 달 이상의 기간이니 그럴 만도 하다.

　이런 말들을 더 이상 듣지 않아도 되는, 수호천사를 밝히는 날이 왔다. 중간에 알게 되었다며 설렘이 없어져서 아쉽다는 아이도 있고, 여전히 오리무중이라 누구일까 궁금해하며 무사히 아홉 번째 인성교육 수업을 맞이하는 아이도 있다. 문제는 누구일까 궁금해하는 감정 속에 긍정적인 설렘을 담고 오는 아이도 있지만, 선물은커녕 쪽지 글 하나, 선물 하나 없는 수호천사에게 서운한 감정을 넘어 분노를 품고 있는 아이도 눈에 띈다. 오자마자 "오늘 서로 밝히는 날이지요?" 하고 서운함 가득한 두 눈에 쌍심지를 켜고 아이들과 나를 바라본다. 나는 과열된 감정을 누그러뜨리고자 두드림 공책에 하고 싶은 말을 쓰라고 한다.

　나의 수호천사에게 하고 싶은 말도 쓰지만, 내가 다른 사람의 수호천사로 활동하면서 든 생각이나 느낌도 쓰게 하면서 남이 나에게 해 준 것을 생각함과 동시에 내가 남에게 해 준 것은 어떠했는지 반성하게 한다. 사각사각 쓰는 소리 속에 아이들의 감정도 많이 누그러지는 것 같다.

나의 수호천사에게 하고 싶은 말(고마웠던 점 등등)	나에게 빼빼로 하나 와 편지 하나 밖에/ 안줘서 너에대한 추리는 못했지만/ 빼빼로 라도 주면서 너의 마음이 느/ 껴졌어. 고마워!
수호천사 활동을 하면서 느낀 점	나의 마니뜨가 3개밖에 선물을 못 받았다고/ 나에게 말해 속상했지만 그래도 그 선물을/ 만족한걸 보곤 뿌듯했어. 내가 편지도 정성스럽게/ 써야했는데 미안해.

나의 수호천사에게 하고 싶은 말(고마웠던 점 등등)	수호천사, 하이. 너, 누구야라 잤지/ 하나만 사고 쪽지에 놀리듯이/ 글씨체로 발돋리 해봐! 늘 또 멍미라 하지만/ 칭찬이 써져있어서 엄청좋았어! 우리 꼭 친하게 지내자
수호천사 활동을 하면서 느낀 점	다은아~ 인스 마음에 들어? 츄릉김은 맛있었어!/ 뭐,이렇게서도 다 들킨 것 같네헿ㅋ 우리/ 꼭! 친하게 지내자서 우리는 별써 친구/ 지만 말야!

나의 수호천사에게 하고 싶은 말(고마웠던 점 등등)	나의 수호천사야, 정말 고마워! 너는 내/ 마음을 다 아는 것처럼 내가 좋아하는/ 것만 다 주었어. 물론 너를 알지만 나/ 또 활동을 하면서 너가 정말 착한걸/ 알게되았어. 정말 고마워!
수호천사 활동을 하면서 느낀 점	난 수호천사활동을 하면서 아쉬웠다./ 왜냐하면 마니뜨에게 선물을 별로 안/ 있기 때문이다. 다음에는 꼭 많이줄거야

수호천사 활동 소감 쓰기

수업 활동 _ 친구를 칭찬해요

우여곡절 끝에 진행한 수호천사 뽑기가 드디어 마무리되는 아홉 번째 시간, 교사로서 신경 쓸 것이 많다. 특히, 친구를 위해 노력하지 않은 아이들을 어떻게 보호할지도 생각해야 한다. 그래서 고안한 것은 마지막 선물을 주는 것. 선물이나 쪽지 글을 주지 못했더라도 평소에 수호천사로 지켜보며 그 친구의 장점과 강점을 발견했을 것이고, 그것을 알려 준다면 이 또한 좋은 선물일 것이다. 말로만 전하는 것이 아니라 작은 칭찬 팔찌라도 만들어 주면 결국 선물을 준 것이니 이후에 선물 하나도 주지 않았다는 원망을 받는 것은 피하게 할 수 있다. 하지만 이런 무심한 아이들을 친구들의 비난으로부터 구하려는 노력이 쉽지는 않다. 팔찌를 만들 재료를 준비해야 한다.

우선 머메이드지를 가로 8cm, 세로 2cm로 자른다. 직사각형으로 자른 종이 양옆을 펀치로 구멍을 뚫고, 모루 끈을 잘라서 준비한다. 아이들 각자에게 머메이드지와 모루 끈을 주면, 아이들은 종이에 자기가 보호해 주어야 했던 친구를 칭찬하는 글을 쓰고 모루 끈으로 둥글게 말아서 팔찌처럼 만들면 된다. 가끔 자신에게 칭찬 글을 쓰고 자기가 차고 있는 아이도 있다. 그럴 때도 역시 참을 인을 새기며 "네가 지켜 준 친구에게 마지막 칭찬 선물을 주는 거야." 하고 차분하게 말하며 재료 세트 하나를 더 준다. 꼼꼼히 설명하는데도 못 알아듣는 학생도 품고 가야 한다.

칭찬 팔찌

팔찌로 전하는 칭찬 활동

아이들이 만든 팔찌를 들고 둥글게 전체 원을 만들어 앉는다. 첫 번째 학생이 나와서 수줍게 말한다. "동우야, 나와라." 그럼 동우는 "어, 네가 내 수호천사였어?" 하면서 역시나 수줍게 나온다. 첫 번째 학생이 동우의 팔에 자신이 만든 칭찬 팔찌를 채워 주며 말한다. "동우는 달리기가 빠르고 운동을 정말 잘해." 이렇게 말하고 자리에 들어가 앉는다. 그다음 동우가 자신이 지켰던 친구 이름을 부르고 팔찌를 채워 주고 칭찬하는 말을 한 후 들어가서 앉으면 된다. 이렇게 모두 밝혀지고 아이들은 다양한 표정으로 앉아 있다.

시간이 있다면 모둠별로 칭찬 샤워를 할 수 있다. 한 명씩 대상이 되어 칭찬 샤워를 하게 된다. 즉, 네 명이 한 모둠이라면 한 명을 두고 세 명이 칭찬을 한 가지씩 말하며 세 번을 돌아간다. 따라서 한 명당 아홉 개의 칭찬을 듣는 것이다. 듣는 학생은 가장 마음에 드는 칭찬을 기억했다가 학습장에 쓰고 이유도 기록한다.

남에게 칭찬하는 것을 어려워하는 아이가 종종 있다. 무슨 칭찬을 하느냐며 매우 당황하거나 짜증 내는 녀석도 있다. 우리가 남을 칭찬하고 격려하는 것이 다소 인색한 문화라서 그런가 싶기도 하다. 그래도 칭찬을 듣는 아이들의 표정은 분명 행복해 보이고, 교실 분위기가 따뜻해지는 느낌이 들 때가 많다. 말의 힘이 이렇게 크다.

시간이 부족하면 친구에게 칭찬을 듣고 느낀 점을 공책에 바로 쓰게 해도 된다. 결과에 대한 칭찬보다는 과정에 대한 '격려'도 많이 하라고 얘기한다. 칭찬은 분명 아이들을 행복하게 하는 힘이 있다. 아이들이 기억에 남는다는 칭찬을 들어 보면 어른과 아주 다르지 않다.

칭찬은 자신감을 일깨우는 힘도 있지만, 자기 마음 한편에 목말라 하는 그 무엇인가를 채우는 힘이 있다. 짧은 몇 마디로 힘이 나고 더 나아가 치유가 되는 경험을 종종 한다.

내가 가장 마음에 드는 칭찬은,	내가 가장 마음에 드는 칭찬은,
오카리나를 잘 분다는	모두의 입에 웃음 짓게
칭찬이다.	해 준다는 칭찬이다.
왜냐하면, 나는 오카리나를 잘	왜냐하면, 다른 사람이 웃는
못 불지만 칭찬을 해주니	얼굴을 볼 때 꺼분이 좋아져서
너무 감동받았다. 나도 작은	기때문이다. 내 마너또 인 예원이도
사탕한게를 선물로 지원이에게	만흥이 웃었으면 좋겠다. 예원이랑
주어야겠다. 너무 지원아가 고맙다.	더 친해 지고 싶다.

내가 가장 마음에 드는 칭찬은,	내가 가장 마음에 드는 칭찬은,
침착하다는	너 인사도 잘하고 착
칭찬이다.	하다! 라는 칭찬이다.
왜냐하면, 나는 항상 급하고	왜냐하면, 인사도 잘한다고
시간에 쫄려서 살았는데	칭찬해주면 인사를 더 잘
침착하다고 칭찬을	하고 싶고 착하다고 칭찬
받았기 때문이다.	해주면 왠지 내 마음이 뿡그
	렇는 것 같기 때문이다.

'칭찬 샤워' 활동 소감

진정한 우정을 가꾸려면

자기 친구는 스스로 찾게 하자

이전까지의 시간은 우정에 관한 간접적인 배움의 시간이었다면, 이 시간은 '참된 우정을 유지하는 방법'을 직접 알아보는 시간이다. 예전에는 친구를 사귀는 것이 그리 어렵지 않았다. 동네를 한 바퀴 휘 둘러보면 놀 아이가 있었다. 하다못해 놀이터에서 처음 보는 아이와 이름도 묻지 않고 놀다가 헤어지기도 했다. 그러다가 학교든 동네에서든 만나면 헤벌쭉 웃으면서 인사를 대신했던 것 같다. 지금처럼 '낯선 사람을 조심해야 한다'라는 부모님의 당부는 거의 들은 적이 없던 시절이었다.

하지만 요즘은 사람을 가려서 사귄다. 아파트 단지 안에 있는 학교에서 근무하면서 저학년 아이들은 놀이터에서 엄마 친구의 아이와 놀아야 한다. 놀이터에서 엄마의 보호 아래 노는 것을 보면 참 낯설다. "엄마, 나 ○○랑 놀아두 돼?" 핸드폰으로 전화를 걸어 허락받고 노는 모습도 낯설다. 혹여 엄마가 싸운 아주머니들의 아이들과는 놀 수 없는 것도 이상했다. 아이들은 엄마의 아바타 또는 엄마가 학창 시절 못다 이룬 꿈을 실현하는 존재로 사는 듯한 풍조가 되면서 그들의 친구 관계마저 엄마에게 검열받고 간섭받는다.

초등학교 시절부터 친하게 지내는 친구가 있다. 어느 날 그 친구로부터 전화가 왔는데, 아이가 학교폭력을 당했다고 하면서 어떻게 대처해야 하는지 물었다. 오랫동안 괴롭힘을 당해 왔는데, 아이들끼리는 다 아는 사실을 자신만 몰랐었다며 무척 괴로워하며 울먹였다. 차근차근 대처 방법을 알려 주고 아이의 심리적인 상처 치유를 위해 아는 상담소를 소개했다.

친구가 괴로워한 것은, 근 3년 동안 아이가 목이 졸리기까지 할 정도로 폭력을 당했는데 그 사실을 지나가는 반 친구들한테서 들었다는 것이다. 아이에게 왜 말을 안 했냐고 물어보니, 워낙 신중한 아이라서 그런지 계속 말을 하지 않다가 입을 열었다.

"엄마가 걔네 엄마랑 친하잖아. 그래서 그냥 참았어."

엄마의 친구 관계를 생각하느라 3년 동안 자기를 희생했다니, 엄마 입장에서는 억장이 무너질 일이었다. 친구는 자신에 대해서도 분노하는 것 같았다.

"내가 그 여자와 어울렸던 게 내 아이 때문이잖아. 그 여자가 뭐가 좋다고 계속 잘 지내려고 했겠어?"

이른바 돼지엄마라고 불리는 정보통 엄마와 어울리려고 노력한 것뿐인데, 아이가 그 엄마의 아이에게 지속적인 폭력을 당하는 상황이었다니, 목소리만으로도 많이 괴로워하는 것을 느낄 수 있었다.

"그런데 그 아이가 네 아이랑 어울리는 것을 보았을 거 아니야. 그때는 못 봤어?"

"그 녀석이 영악한 게, 엄마들 앞에서는 싹싹하게 '우리 놀아도 되지요? 얘들아 가자!' 하면서 어깨동무하고 같이 가는 거야. 그러고서는 놀면서 우리 아이를 괴롭힌 거지."

"3학년이 그러다니… 세상이 무섭다."

"더 무서운 것은 그 아이가 우리 아이를 괴롭히면서, 때린 거 이르면 너희 엄마가 우리 엄마랑 못 어울린다고 협박했다는 거야. 어쩜 그렇게 사악한 아이가 있니?"

매우 나쁜 아이라는 생각이 들었다. 엄마들 사이에 자기 엄마가 영향력이 있다는 것을 알고 그것을 이용한 것인가? 이미 엎질러진 물, 잘잘못을 가리는 것보다 아이를 살리는 일이 더 중요했다.

"중요한 것은 네 아이야. 많이 힘들고 어렵겠지만, 네가 정신 똑바로 차리고 아이 회복을 위해 노력해야 해. 그 상담소 가면 너도 상담을 받을 거야."

다행히 상담소와 아이가 잘 맞았고, 친구의 아이뿐만 아니라 친구도 상담을 받으며 안정을 찾아갔다. 매우 강단 있고 산전수전 다 겪은 친구였지만, 아이의 일에 관해서는 그 누구도 알 수 없는 것 같다.

엄마들의 관계가 아이들의 관계에도 영향을 미치고, 엄마들

간의 미묘한 서열은 아이들 눈에도 보인다는 것이 안타까웠다. 아이들은 우리 엄마가 힘 있는 엄마와 어울리며 나를 위한 노력을 하는 것보다는, 정보가 좀 부족해도 독립적으로 나에게 관심을 두는 것을 더 좋아할 것이다.

아이의 교육 관련 정보를 얻기 위해 엄마들은 아이가 입학하면 다양하게 네트워크를 형성하려고 한다. 하지만 이 관계가 오래가는 것은 드물다. 서로 정보를 교환하고 의지도 되겠지만, 아이를 비교하고 이 과정에서 불안을 키우며 나의 교육관이 흔들릴 때도 많다. 아울러 아이를 학부모 자신이 속한 그룹의 친구하고만 어울리도록 하는 것이 과연 바람직한가 생각해 볼 일이다.

친구는 그냥 친구다. 공부를 잘해서, 집이 잘살아서 친구가 아니다. 우연히 놀다가 마음이 맞고 정이 가서 오래 만나다 보니 친구가 되고 우정이 싹튼다. 비 오는 날도, 바람 부는 날도 있고 맑은 날도 있다. 그런 날들을 지내면서 우정이 깨지기도 하고 이어지기도 한다. 이러한 친구 관계를 아이의 학습처럼 관리한다는 것은 아이의 자율성을 침해하는 학부모의 과하고 삐뚤어진 사랑이 아닐까 싶다.

수업 활동 _ 친구의 종류 이해하기

"친구가 뭐예요?"
이 질문에 아이들은 친구를 친구라고 하지 뭐라고 하냐는 듯한 눈빛으로 나를 바라본다. 그러다가 자신이 생각하는 친구의 정의를 잘 말한다.

"같이 노는 아이요."

"마음을 나누는 아이요."

"가족 말고 믿을 수 있는 사람이요."

"아, 모두 맞는 말이네요. 친구는 친할 '친親'에 오래 '구舊'자니까 오랫동안 친한 사람 정도 되겠네. 그런데 친구에도 종류가 있어요."

아이들에게 자연스럽게 한국청소년상담복지개발원전 한국청소년상담원에서 만든 또래 중조자 프로그램에 제시된 친구 종류를 이야기한다.

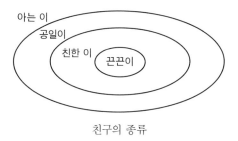

친구의 종류

"그림에서 이렇게 서로 노는 무리는 서로를 친구라고 하겠지요? 여기에는 아주 친한 친구도 있고 그냥 친한 친구도 있는데 친한 정도에 따라 네 단계로 생각해 볼 수 있어요."

ppt를 보며 아이들이 대뜸 묻는다.

"샘, 끈끈이가 뭐예요? 베프인가요?"

"오, 맞아요. '끈끈이'는 거의 매일 만나거나 연락하는 친구인데, 어려운 일을 서로 털어놓고 말할 수 있고, 무엇보다 열 명의 친구와도 바꿀 수 없는 친구예요."

나의 설명에 아이들은 자기는 베프가 세 명이라는 둥, 다른 반에 있다는 둥 말을 쏟아 놓는다.

"그렇게 베프가 많다니, 좋겠네요. 선생님은 초중고 때 '끈끈이'가 있기는 했는데 지금은 아이 키우고, 집안일과 직장생활로 바빠서 가끔 연락만 하느라 '친한 이'로 바뀐 거 같네요. 어느 정도 내 마음을 털어놓을 수 있고 관심사가 비슷하여 친밀감을 느끼는 친구 말이지요. 게임을 자주 같이하고, 그 친구와 이야기하면서 마음이 맞는다고 생각하면 '친한 이'지요."

'끈끈이'와 '친한 이' 설명은 그래도 쉽게 이해한다. '공일이'는 주로 공동의 흥미가 있고, 함께 공부하고 노는 친구지만 친하게 배려하지는 않는, 친하다는 느낌 정도의 친구라고 설명하면 잘 이해를 못 한다. 그래서 '공일이'는 같은 모둠에서 한 달가량 같이 생활하며 친해진 친구 정도로 설명하여 이해를 돕는다. 그에 비해 '아는 이'는 같은 반이거나 4학년인데 얼굴과 이름만 아는 정도에 오고 가며 만나는 친구다.

"와, 선생님. 이렇게 보니까 제가 친구가 엄청 많네요. 끈끈이, 친한 이, 공일이, 아는 이까지 하면요."

"그렇지요. 하지만 어디까지를 친구로 생각하느냐에 따라 다르긴 한데, ○○이는 아는 이까지 친구로 생각한다면 50명도 넘겠네?"

아이들에게 대강의 개념을 설명한 후 '나의 친구 다이어그램'을 그리라고 한다. 친구 다이어그램을 그리면서 아이들은 자기의 친구 관계를 생각해 보고, 과연 현재 나는 어떤 친구와 친한지 생각해 보는 또래 관계 성찰의 시간을 갖게 된다.

가끔 친구 관계를 보여 주고 싶어 하지 않는 아이가 있다. 현재 그룹을 형성하면서 그 위계가 자꾸 바뀌기도 하고, 혹시나 그룹의 한 친구를 빼면 그 아이가 서운해할까 봐 눈치를 보는 것도 같다. 그래서 가리고 그리라고 한다.

"여러분은 아마도 친한 이와 끈끈이를 많이 만들고 싶겠지요? 그런데 아까 선생님이 말한 것처럼, 각 위치가 바뀌어요. 끈끈이였던 친구라도 연락이 끊어지거나 서로 노력하지 않으면 사이가 멀어지면서 친한 이나 공일이가 될 수 있지요."

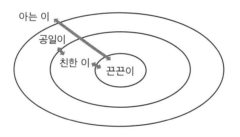

친한 이와 끈끈이를 만들기 위해 노력이 필요해요!

"끈끈이나 친한 이인 친구를 사귀거나 계속 우정을 이어 가려면 어떤 것이 필요할까요?"

아이들은 이 답을 너무나 잘 안다. "배려해야 해요", "도와줘요", "같이 자주 놀아요", "힘들 때 위로해 줘요" 등 다양한 말을 한다.

"여러분 말이 맞아요. 그래서 선생님이 여러분이 쓴 것을 모아서 그래프를 그려 보았어요."

아이들이 좋아하는 친구의 모습을 그래프로 제시한다. 아이들이 그래프를 잘 몰라도 어떤 아이를 친구로 삼고 싶어 하는지 바로 이해하게 된다. 친절하고 이해를 잘하는 친구, 경청과 배려를 잘하는 친구, 서로 말이 통하는 친구, 책임감 있는 친구, 귀엽고 똑똑한 친구, 유머·재미가 있는 친구 등 어른도 사귀기 원하는 친구 유형을 아이들이 뽑았다. 인기 있고 공부 잘하는 친구보다 친절하고 이해심 많은 친구를 아이들은 친구로 사귀고 싶어 한다.

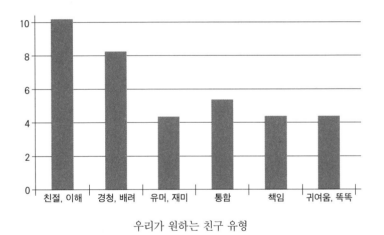

우리가 원하는 친구 유형

그래프를 보고 느낀 대로 아이들에게 친구를 사귀기 위해서는 '배려하기'와 '친구가 싫어하는 장난을 치지 않아야 한다'라는 것도 아울러 이야기 나눈다.

"특히 친구 배려하기는 사실 쉬우면서도 어려울 수 있어요.

비디오에서 본 것처럼부산의 한 초등학교에서, 6학년 달리기하다가 넘어진 친구를 그냥 두고 달리지 않고 부축해서 함께 들어온 사건* 말이에요. 배려는 서로 편하고 여유 있을 때도 할 수 있지만, 나 역시 어려운 상황인데도 친구를 자발적으로 도와주는 것이 진정한 배려라고 할 수 있어요."

아이들은 이해가 된다는 듯 고개를 끄덕인다. 내가 손해를 보는 것 같은 순간에도, 나의 이득 대신 친구를 챙기는 것이 진정한 배려일 것이다. 미덕의 덕목 중에는 '우의'가 있다. 친구 간의 정을 뜻하는 '우정'에, 슬프고 힘들 때 더 도와주는 '의리'가 더해진 말이다. 자연스럽게 의리에 대해서 이해하게 된다.

그리고 친구와의 예절도 이야기 나누어 본다. 친구 툭툭 치기, 친구의 이름을 웃기게 바꾸어 부르기, 별명 부르기, 우기거나 떼쓰기, 뒷담화하기, 혼자서 독차지하기 등 친구를 떨어져 나가게 하는 방법은 많다. 이것을 반대로 바꾸어서 친구를 존중하는 마음으로 대해야 하는 것도 함께 이야기를 나눈다.

"여러분, 내가 싫으면 친구도 싫다는 것, 그래서 맘대로 친구를 대해서는 안 된다는 것을 잊지 마세요."

성경 말씀 중에 '남에게 대접받고자 하는 대로 너희도 남을 대하라'라는 황금률The golden rule이 있다. 배려하고 친절한 친구를 사귀려면 먼저 자신이 그런 행동을 해야 함을 누구나 알고 있다. 문제는 실천이다. 아이들은 이제 4학년이기에 단순히 친하

---

* 관련 기사 https://www.edunews.co.kr/news/articleView.html?idxno=31007

게 노는 친구 이상으로 마음을 나누고 우정을 쌓을 수 있는 친구라는 존재를 갖고 싶어 한다. 이제는 엄마가 정해 주는 것이 아니라 스스로 선택하고 우정을 쌓아가는 친구를 만나면서 예의와 존중이 중요함을 아이들이 내면화하여 실천하도록 해야 한다.

우정과 괴롭힘 구별하기

'비 온 뒤 땅이 더 단단해진다.'라는 말이 있다. 사람 관계로 친다면, 갈등이 있고 그것을 풀어내고 조율하는 과정에서 우정은 더욱 견고해질 수 있다는 말이다. 그런데 지나친 배려나 한편의 일방적인 배려 요구는 관계를 악화시킬 수 있다. 그리고 이것은 우정이 아닌, 우정을 빙자한 괴롭힘으로 흐를 수 있다.

《소녀들의 심리학》레이철 시먼스 지음, 정연희 옮김, 양철북, 2011에 가장 친한 친구가 어떻게 교묘하게 관계적 폭력을 가하는지 다양한 사례가 나온다. 이러한 사례를 굳이 멀리서 찾지 않더라도, 지금의 어른들도 학창 시절 한두 번쯤은 겪었을 가능성이 있다.

중학교 2학년 때, 나는 관계적 괴롭힘의 대상이었던 적이 있다. 같이 다니는 두 친구가 있었는데, 유독 한 친구가 늘 나를 볼 때마다 마뜩잖은 표정이었다. 둘만 있을 때는 더욱더 그러했다. 안경 너머로 보이는 그 아이의 흘기는 눈빛, 입가에 머금은 비웃음 등은 지금도 잊히지 않는다. 내가 말을 걸면, "어", "뭐~", "그래"라고 단답형으로 대답했고, 뭔가 화가 난 듯한 분위기로 나를 압도했다. 빨리 자리를 뜨고 싶지만, 함께 친구를 기다리는 상황이라 그러지도 못했다. 그러다가 다른 친구들이 나타났을 때는 얼굴 가득 함박웃음을 띠면서 이야기하는 모습을 보고, 그 아이의 이중적인 모습에 섬뜩함을 느끼기도 했던 것 같다.

그 친구(?)를 외곽의 모 대학에 강의를 나가면서 대학 사무실에서 우연히 만났다. 그 순간 나는 반가움보다는 피가 얼어붙는 느낌이었다. 우뚝 서 있다가 간신히 반가운 척 인사했던 것 같다. 지금도 '너는 왜 그렇게 나를 비웃음의 시선으로 바라보았니? 내가 그렇게 싫었니?'라고 묻고 싶다. 아직 나는 그 아이의 폭력에서 벗어나지 못한 것인가 내내 찜찜했다.

관계적인 폭력은 신체적인 폭력만큼 영혼에 생채기를 낸다. 문제는 아이들은 친한 친구라고 믿기에 내가 착각한 것이겠지 하고 넘기며 폭력 상태에서 벗어나지 못한다는 것이다. 또는 친구가 없으니 참자며 버티고 있을 수도 있다. 이런 친구 관계에서 얻은 마음의 상처는 지금의 학생들 사이에도 비일비재할 것이다. 이 순간 어른이 가르쳐야 할 것은 '벗어나라! 너는 그런 취급을 당할 아이가 아니다.'라는 것이다. 그 상황은 폭력적 상황이므로, 용기 있게 직면하여 그 아이와 대화해 보거나 무시하거나 경고하거나 이도 저도 안 되면 벗어나야 한다. 아울러 하락하는 자존감을 일으켜 세우도록 도와주어야 한다.

이러한 미묘한 관계적 폭력에 관해서 이야기를 나누려면 동영상 자료가 가장 좋고, 깊이 생각하도록 하는 데는 좋은 동화도 도움이 된다. 미묘한 관계적 폭력에 대한 이야기를 나눌 때 활동으로 도움이 되는 동화책은《여우》
마거릿 와일드 글, 론 브룩스 그림, 강도은 옮김,
파랑새, 2012 다.

　　우정, 질투, 배신 등 친구들과의
미묘한 관계를 가해자와 피해자 입
장에서 생각해 볼 수 있는 자료다.
또래 관계가 미묘해지기 시작하는 3, 4학년 아이들과 함께 이 동
화를 읽고 이야기 나누면, 등장하는 애꾸눈 개, 날개를 다친 까
치, 갑자기 나타난 여우 중 한 인물에 자신을 투영하여 생각해
볼 수 있다. 각각의 입장이 되어 생각해 보고, 지금 그 상황이 닥
치면 어떤 선택을 할 것인지 결정한다. 그런 친구를 만난 적이 있
다면 그 친구를 떠올리며 그때의 아픔을 털어놓을 수도 있을 것
이다. 관계적 괴롭힘에서 피해 입장도 가해 입장도 또 배신의 입
장도 모두 상처가 있기에 털어낼 필요가 있다.

- **여우**: 나는 여우를 만났었다. 3학년 때 전학 온 친구가 있
  었다. 나는 그 친구를 잘 대해 주었고, 그 친구에게 내 친
  구들을 소개해 주었다. 그런데 그 친구가 나를 따돌리기
  시작했다. 그 친구는 이 책의 여우 같다. 다행히 나는 새
  로운 친구들을 사귀었다. 그 친구는 전 학교에서도 그런
  짓을 했을까?
- **까치**: 나는 까치였다. 내가 친구들에게 따돌림을 받고 힘
  들 때 어떤 친구(애꾸눈 개)가 나에게 다가와 주었다. 그런

데, 그 친구랑 놀 때 이상하게 재미가 없어지기 시작했다. 좋은 친구인데, 나는 다른 친구들을 사귀고 싶어졌다. 나는 잘 노는 친구들과 자주 놀면서 그 친구와는 멀어졌다. 지금 같이 노는 친구들은 인기가 있고 재미있지만, 나에게 상처 주는 말들을 한다. 내가 배신한 그 친구에게 미안해진다. 돌아가면 그 친구는 나를 받아 줄까?

동영상은 아이들 수준에 맞는 자료를 찾는 것이 중요하다. 괴롭힘 장면이 너무 강하면 아이들에게는 또 다른 위협이 될 수 있다. 자료를 찾던 중 ebs에서 방영했던, '포돌이와 어린이 수사대'의 7회 '은근한 따돌림'*이 도움이 되었다. 우정을 빙자하여 갖가지 요구를 하거나 마음을 불편하게 하는 것은 우정이 아니라 괴롭힘임을 아이들에게 인지시키기에 좋은 자료다. 이 영상을 보고, 아이들에게 이런 경우를 당할 때는 주변 어른들에게 상담을 요청해서 자신을 지켜야 함을, 그것은 고자질이 아니라 또 다른 피해자를 막고 나를 보호하는 '신고'임을 알리는 것이 중요하다.

아이들에게 선한 정의의 편에 설 수 있도록 용기를 심어 주는 것은 교육의 중요한 요소다. 친구 관계에서 특히 그러하다. 선한 정의의 편에 서면 외롭고 혼자 남을 수도 있지만, 종국에는 그것이 나를 살리는 길이었음을, 그리고 좋은 친구를 만나는 기회였음을 아이들이 깨닫는 순간이 많았으면 좋겠다.

---

* https://www.youtube.com/watch?v=VQDjWeRpMTA

메타버스를 소통의 공간으로 활용하여 더 넓은 세상을 경험하기를

중2병도 아니고, 초4병

사실 나는 여섯 학년 중에서 4학년 학급 담임은 맡은 적이 없다. 교생실습 한 달이 처음이자 마지막이었다. 대부분 5, 6학년을 맡았고, 3학년은 영어 교육이 교육과정에 들어오면서 맡을 수 있었다. 1, 2학년은 부장 일을 맡으면서 주로 만난 학년이다. 4학년을 만날 기회는 나에게 없었다. 인기가 많은 학년이었기 때문이다. 아이들이 적당히 순하면서도 활달하고 눈치도 있으며, 학업에도 욕심을 갖는 가장 초등학생다운 시기라서 선생님들이 맡고 싶은 학년이었을 것이다. 하지만 지금은 상황이 좀 다르다. '초4병'이 심심치 않게 회자되고 있다.

융통성이 없을 정도로 가장 정의롭고 친구 관계에서 배려를 가장 많이 하는 4학년 아이들의 모습은 오히려 3학년에서 더 자주 목격된다. 지금 4학년은 한창 사춘기를 겪느라 어른을 당황하게 한다. 온라인 속에서 '막강 초딩'이라는 말이 돌 정도로 무개

념의 대명사로 불리기로 한다. 선생님들이 맡고 싶어 하는 인기 많던 4학년이 어쩌다 이렇게 되었을까?

우선은 아이들의 성장이 빨라지고 있는 것에 원인이 있다. 여학생의 초경이 4학년부터 시작되는 경우가 많다. 환경호르몬, 식습관, 좋은 영양 섭취 등 여러 가지 이유가 있겠지만, 아이들의 2차 성징 시작 시기가 점점 빨라지고 있다. 2, 3학년 때부터 딸아이의 가슴에 멍울이 생기는 것을 보며 초경 시기를 어떻게 늦출 것인가 고민하는 글들을 육아카페에서 자주 본다. 여학생처럼 남학생도 비슷한 신체 변화를 겪기 시작하고 결국, 5학년 2학기 때부터 보이기 시작하던 사춘기 특성은 4학년으로 내려왔다. 내 아들도 훈육이 가장 힘들었던 때가 5학년이었고, 4학년 후반부터 그 징후가 나타났었다. 뭔가 비밀이 생기기 시작하고, 말수도 준다. 학교 일을 물어보면 말하려고 하지 않는다. 친구들과 논다고 밖에 나가는데, 친구 이름 좀 알려 달라고 하면 알려 줄 필요를 못 느낀다면서 애를 태우기도 했다. 어느 날은 하도 안 들어와서 발을 동동 구르는데, 슬며시 아무 일도 없었다는 듯 나타났다. 가족과 함께 가는 여행도 싫어하고, 혼자 자전거 타고 휭허케 갔다가 나타나기도 한다. 5학년을 앞두고서는 매일 감는 머리카락이 찌들어서 청소년 샴푸를 사야 하나 고민하기도 했었다. 오히려 그 무섭다던 중2는 마음을 다잡고 겪어서 그런지 다행히 별 어려움 없이 지나갔다. 지금 고1인 내 아이도 그러한데, 2020년대인 지금은 초등 중학년부터 사춘기의 행동을 보이는 경우가 더 잦을 것이다. 신체 발달의 변화가 있으니 심리적인 변화가 함께 오는 것은 당연하다.

또 다른 원인은 아이들의 학업 스트레스에서 찾을 수 있다. 국, 영, 수 등 학업과 관련된 학원을 본격적으로 다니기 시작하는 나이가 4학년인 것 같다. 교과과정이 갑자기 어려워지고, 특히 수학에서 숫자 단위가 커지고 계산은 더욱 복잡해진다. 사회 과목도 많이 어려워진다.

이러다 보니 사교육을 찾게 된다. 초등 저학년 때는 태권도, 피아노, 미술학원, 다양한 운동 학원 등 예체능 쪽을 많이 다닌다. 학교에서 하는 방과후 수업 특기 적성도 로봇 과학 등 다양한 것을 체험하며 친구들과 학원에서 만나 상호작용하고, 친구를 만나기 위해 학원에 가기도 한다. 하지만 4학년이 되면서 아이들은 본격적으로 학업과 관련된 학원을 순례한다. 각 학원에서는 레벨 테스트로 학부모에게 아이의 수준을 단도직입적으로 알리면서 학부모와 아이들은 현실 직시와 더불어 열등감을 느끼기도 한다.

실제 4학년 수업에 들어가 보면, 3학년 때와는 다르게 아이들이 많이 지쳐 있을 때가 있다. 슬쩍 말을 꺼내면, "하루에 학원을 네 개 가는 날도 있어요."라고 하면서 울상 짓는 아이도 있고, 학원 숙제하느라 새벽 2시에 잤다는 아이도 있다. 저학년 때 다녔던 예체능 관련 학원을 끊지 못한 상황에서 새로이 교과 학원에 다니는 과도기인지라 아이들은 더욱 힘들 수밖에 없다. 시간이 없고 쉼이 부족하며 마음의 여유가 없으니 짜증 날 수밖에 없을 것이다. 이럴 때 학부모의 결단이 필요하다. 이성적이고 균형 있는 사고가 가능한 나이인 아이들이니, 하고 싶은 것을 선택하는 자유를 주어도 되는 시기다. 협상을 할 수도 있다. "학원이 너무 많지? 엄마는 수학은 꼭 다녔으면 좋겠어. 나머지는 네가 선택해." 가끔은 인터넷 강의로 스스로 해 보겠다는 아이도 있다. 불안하겠지만, 지나고 보면 아이 마음의 행복이 더 중요하지 않을까 싶다. 아이가 선택하고 성공과 실패를 겪으며 성장해도 되므로 자율적으로 선택하는 기회를 주면 좋겠다.

최근 들어 초4병이 더 주목받는 이유는 4학년이 친구 사귀는 것에 몰두하는 시기기 때문이다. 엄마가 정해 주는 친구가 아니라, 나랑 맞는 친구를 찾아 '그냥 좋은 친구'를 사귀고 싶어 한다. 진한 우정이 탄생할 수도 있지만, 갈등도 있고 싸움도 있으며, 아이들 간의 권력 서열도 만들어진다. 이런 친구 관계의 작은 문제들은 아이 스스로 친구를 더 많이 만나고 부대끼면서 균형을 찾아간다.

그런데, 코로나 대유행으로 인해 친구 간의 상호작용이 급격하게 줄면서 아이들은 이런 기회를 빼앗겼다. 스스로 친구들에게 다가가고 관계를 유지하며 우정을 쌓아가는 것이 서툴다. 더 안타까운 것은 이런 서투름이 '학교폭력 사안'으로 빈번하게 표출되고 있다. 코로나 대유행으로 인해 서로의 경계가 더욱 뚜렷해지고, 경계 침범을 예민하게 느끼면서, 아이들끼리 또는 학부모 간의 갈등을 대화로 푸는 것보다는 학교를 대행자 또는 분풀이 대상으로 사건을 해결하려는 경향이 많다. 이 글을 쓰고 있는 지금도, 코로나 대유행은 아직 끝나지 않았지만 학교가 정상적으로 운영이 되면서 아이들 간에 갈등이나 학폭 사안이 자주 일어나고 있다. 잃어버린 상호작용 시간과 기회가 한꺼번에 폭발하면서 일어나는 과도기적 현상으로 보고 싶다. 아이들과 마찬가지로 학부모들도 학부모로서 다른 학부모들과의 갈등을 어떻게 해결하는 것이 현명한 것인지 3여 년간의 사회적 격리로 인해 감을 잃은 것 같다. 사춘기가 당겨진 듯한 초4, 또래 관계에 관심을 두고 본격적으로 친구와 무리를 형성하는 초4에 많은 사건과 많은 갈등이 일어나는 것은 어쩌면 당연한지도 모르겠다.

유튜브와 4학년

전두엽이 리모델링을 시작하고 성호르몬이 전두엽을 뒤덮으면서 겪는 여러 가지 문제 중에 '중독'이 있다. 특히 초등 4학년은 게임이나 인터넷 중독 특히, 유튜브를 과도하게 보는 등 잘못된 사용 패턴을 보인다. 1, 2학년 때까지는 키즈폰 사용 등으로 부모들이 디지털 기기 사용을 통제했지만, 4학년부터는 아이들의 스마트폰 사용 역량(?)이 부모를 앞지른다. 많이 사용하고, 이 속에서 많은 것을 하며 놀다 보니 이런 현상은 어쩌면 당연한 결과일 것이다. 아직 직관이 살아 있는 아이들인지라 감각적으로 직관적인 스마트폰을 아이들이 더 잘 다룬다. 4학년이 되면서 아이들은 본격적으로 다양한 SNS와 영상을 즐긴다. 아직 인지적으로 여물지 않은 상태이며 가치관이 혼란스러운 상태에서 경계가 없는 온라인 속 탐험은 걱정스러울 수밖에 없다.

이런 염려의 마음에 2021년 중반에 연구회 선생님들과 고양
시 4, 5, 6학년 초등생 815명을 대상으로 아이들의 디지털 사용
실태를 조사하였다.

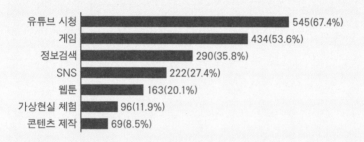

초등생 아이들이 가장 많이 접하는 디지털 기기 사용 용도
는 유튜브 시청이었다. 하루 3시간 이상 유튜브를 본다고 보고한
학생이 15%나 되었고, 이 영향력이 자신에게 크게 다가온다고
스스로 생각하는 아이도 43.5%가 되었다. 중고등학생보다 초등
생이 유튜브를 더 많이 보고, 더 오랜 시간을 들여 시청하고 있
다. 주로 게임 관련 동영상, 음악 감상, 만화나 영화, 프로그램 짤
등 다양한 채널을 구독하고 있었다. 하지만 유튜브에서는 19세
이상의 다양한 콘텐츠도 구독할 수 있다. 그래서 19세 이상의 웹
툰, 일본 만화 등도 어른의 제재 없이 탐닉하고 있다. 물론 처음
부터 19세 이상의 영상물을 보는 것은 아니다. 유튜브의 알고리
즘이 이끄는 대로 따라가다 보면 봐서는 안 되는 것까지 보게 되
는 것이다.

20년 전에 투니버스 등 만화를 보느라 등교 거부하는 아이

를 상담한 적이 있었다. 지금은 유튜브 보는 시간 때문에 등교 거부하는 아이들이 있다. 2020년대 초등 4학년들에게 유튜브는 놀이터이며 재미와 호기심 충족의 공간이고, 상식과 지식을 배우는 통로이며 자기표현의 무대다. 그러나 유튜브에는 어두운 면도 분명히 존재하며, 특히 검색 알고리즘에 갇혀 시청하다 보면 기괴하고 섬뜩하며 적나라한 장면에 노출되고 빠져들 수밖에 없다. 아직 가치관이 형성 중인 어린아이기 때문에, 이러한 시청을 통해 그릇된 가치관을 갖게 될까 걱정이다.

아이들이 시끄럽게 소란을 피우니까, 심심하다고 졸라대니까 한 번 두 번, 습관적으로 유튜브 시청을 허용하는 부모를 자주 목격한다. 보여 주더라도 유튜브에서 아이들이 무엇을 보고, 무엇을 하는지 관심을 두고 이야기를 나누는 것은 매우 중요하다. 히스토리를 검색해서 살펴볼 필요도 있다. 고양시 800여 명 중 2.2%인 18명은 음란물을 가끔 보고, 네 명은 자주 본다고 대답했다. 음란물 접촉 시기는 1, 2학년 때가 12.6%인 것에 비해 3, 4학년은 40.2%나 되었다. 특히 4학년 때 아이들이 음란물을 꽤 접하는 것으로 조사되었다. 아이들의 놀이터는 어른들이 보기 힘들게 점점 불투명해지고 있다.

유튜브는 어떻게 활용하느냐에 따라서 많은 도움을 주는 공간이다. 이것을 어떻게 활용하느냐는 전적으로 사용자에게 달린 것이고, 아직 판단력이 미숙한 아이의 유튜브 시청을 관리하는 것은 매우 중요하다.

유튜브와 더불어 이 설문조사를 시작하게 된 가장 큰 이유는 랜덤채팅 때문이었다. n번방의 비극이 여전히 계속되는 상황에서 아이들이 온라인 속에서 어떤 경험을 하는지 파악하고 싶었다. '모르는 사람과 랜덤채팅을 해 본 경험이 있는가?'라고 물었을 때, 18.6%인 150명이 그렇다고 했다. 그리고 '자신과 관련해 부적절한 사진을 요구받은 적이 있는가?'라는 질문에 2.4%인 19명이 그렇다고 했다. 랜덤채팅을 통해 선정적인 사진을 받은 경우도 13명이나 되었다.

아이들은 자유롭게 디지털 기기를 사용하면서 확장된 온라인 세계를 경험함과 동시에 감당하기 어려운 경험에도 접촉하고 있다. 특히, 당겨진 사춘기로 인해 신체적으로도 심리적으로도 힘들어지기 시작하는 초등 4학년은 인지적으로 조금 더 발달한 중2보다도 위험한 상황에 있는지도 모를 일이다.

아이들의 또 다른 세계, 메타버스

최근 메타버스에 대한 이야기가 여기저기서 들려온다. 우선 가장 먼저 드는 생각이 '도대체 메타버스가 뭐야?'다. 조금 아는 사람들은 제페토, 로블록스, 이프랜드ifland 등 메타버스 플랫폼을 이야기하기도 하고, 좀 더 아는 사람들은 자신이 선택하고 꾸민 아바타로 가상공간에 들어가 다양한 세계를 경험하는 것이라고 한다. 2021년 모 대학에서 신입생 입학식을 이프랜드에서 했다는 기사가 이런 설명의 대표적인 예다. 그래도 선뜻 이해가 안

된다. '그러니까 메타버스가 뭔데?'

메타버스(Metaverse)=메타(Meta)+유니버스(Universe)

가상과 초월을 의미하는 '메타'와 현실 세계를 의미하는 '유니버스'의 합성어다. 즉, 세계들의 세계다. 그냥 가상현실이 아니다. 메타버스는 현실Real 세계와 가상Virtual 세계의 연결, 교류를 통한 새로운 세계를 뜻한다.

메타버스를 이야기할 때 함께 논의되는 것이 가상 세계, 증강현실, 미러월드, 라이프로깅이다.

가상현실 : 온라인 속에서 마치 실제 주변 환경과 상호작용하고 있는 것처럼 만들어 주는 인간-컴퓨터 사이의 인터페이스(서로 다른 두 시스템의 연결경계면)

증강현실 : 사용자가 눈으로 보는 현실 세계에 가상 물체를 겹쳐 보여 주어서 사용자의 정보 습득력을 증대시키고 강화하는 기술(예: 포켓몬 고)

미러월드 : 현실 세계를 거의 그대로 가상 세계에 구현한 것(줌도 미러월드다)

라이프로깅 : 현실 세계의 삶을 가상 세계에 기록하는 것(디지털 트랜스포메이션)

메타버스는 가상으로 강화된 물리적 현실과 물리적으로 지속하는 가상공간의 융합이다. 메타버스의 대표적인 예는 없다. 코끼리를 각자의 관점에서 정의하듯 이해하는 수준이나 입장은 모두 다르다. 영화 '레디 플레이어 원'스티븐 스필버그, 2017처럼 피폐한 현실을 살아가는 누군가는 신분 상승의 새로운 돌파구로 생각할 수도 있다.

중요한 것은 기술적인 면에서만 메타버스를 이해해서는 안 된다는 것이다. 메타버스는 상상력의 힘으로 살아남은 우리 호모 사피엔스들이 새로 구축하기 시작한 또 다른 세계이며, 현실의 확장, 가상과의 융합을 의미하는 창대한 세상이다.

하지만 이런 창대한 의미와 달리 현재 아이들의 메타버스는 '게임인가?', '아바타를 굳이 공을 들여 만들어야 해?'라는 의문이 들 정도로 아직 초보 수준이다. '레디 플레이어 원'의 주인공처럼 VR기기를 쓰고, 손가락으로 조작하며 가상공간에서 또 다른 캐릭터나 아바타로 사는 것은 먼 훗날의 이야기인 것 같다.

지금은 로블록스, 제페토, 마인크래프트의 소셜 게임, 이프랜드에 아바타를 만들어서 온라인 공간에서 참여하는 정도다. 자주 오르내리는 메타버스 플랫폼들은 개인과 개인, 개인과 기업이 만나는 또 하나의 거대한 세상임에는 분명하다. 이미 많은 아이가 이 공간에서 자신이 원하는 것을 즐기고 있다. 온라인에서 활동할 자신의 아바타를 꾸미는 것 자체에 몰두하기도 하고, 여러 게임방에서 다양한 게임을 하며 시간을 보내거나 방을 만들어서 크루crew들과 이야기하거나 여러 월드를 돌면서 행사에 참여하고 쇼핑도 한다. 내가 만든 아바타가 언제든지 다양한 공간을 들락거리고 다양한 사람을 만나면서 현실에서보다 더 활발하게 활동하고 있다. 우리가 상상하는 놀라운 기술이 투입된 가상 공간은 아니지만, 아이들은 메타버스 플랫폼에서 놀이터에서 놀듯이 다양한 경험을 하며 생활하고 있다. 어른도 이미 '게더타운'과 같은 메타버스에서 아바타로 서로 회의와 협의를 하고 있다.

진정한 메타버스 세계가 아직은 요원해 보이지만, 인공지능, 빅데이터, 사물인터넷, AR과 VR 등의 4차 산업혁명을 주도하는 다양한 기술의 발전은 분명 우리가 상상하던 그 위치에 어느 순간 우리가 다다르도록 할 가능성이 크다.

이미 시작된 아이들의 새로운 놀이터인 메타버스, 어떤 장점이 있을까?

메타버스는 현실의 차별적 시선을 극복할 수 있다. 남녀노소, 장애와 비장애인, 인종, 종교 등등 현재 우리 사회가 안고 있는 다양한 혐오의 시선을 극복하고 동등한 입장에서 만날 수 있다.

줌과 같은 화상을 통해 직접 만나며 느끼는 피로감을 줄일 수 있다. 중요한 것은 학생이 똑바로 앉아서 수업에 집중하는 외형적인 모습을 보이는 것이 아니라 물론 이것이 중요하지 않다는 것은 아니다, 주어진 과제를 해결하고 목표에 도달하는 것이다. 다양한 모습으로 자신이 조절하며 주어진 기간에 과제를 해결하는 것에서 학생들의 부담을 줄일 수 있다.

서로에 대한 편견이나 차별을 배제하는 공간이 될 수 있기에, 당연히 학교폭력이나 괴롭힘이 줄어들 가능성이 크다.

학생들의 흥미를 끌 만한 다양한 활동이나 협업 과제, 놀이

과제 등을 통해 학생들이 자신의 학습을 스스로 통제하는 것도 가능하다. 아울러 코로나 대유행처럼 전 세계적인 전염병 등으로 인한 체험학습이 불가능한 상황에서 메타버스를 활용하여 친구들과 경주에 놀러 갈 수도 있고, 미술관과 음악관을 갈 수도 있다. 영화관도 가능할 것이다.

그러나 빛이 있으면 어둠이 있는 법. 지금의 아바타 활동은 상호 의사소통에 한계가 있다. 언어뿐만 아니라 비언어, 반언어적인 의사소통의 중요한 요소에 한계가 있을 수밖에 없다. 아바타의 동작이나 '좋아요'를 보내는 등의 전달은 섬세하지 않기에 오해를 불러올 수 있다.

또한 현실 세계에서 겪는 문제 즉, 갈등, 따돌림, 언어적인 괴롭힘, 사기, 계정 해킹 등 다양한 범죄에 노출될 가능성이 큰 것 또한 사실이다. 다양한 사람이 모이고, 나의 현재 모습이나 상황을 뛰어넘어 아바타를 통해 나를 얼마든지 다른 모습으로 꾸미고 사람들을 만날 수 있기에 익명성의 확장인 아바타와의 만남은 자칫 위험할 수도 있다.

무엇보다 지금의 메타버스 플랫폼은 아이들의 놀이터로만 활용되고 있다는 점을 우려하는 사람이 많다. 이 공간은 어른이 따라올 수 없을 만큼 아이들의 자유와 창의의 공간이 되고 있다. 이 놀이터 속에서 익명성의 가면 뒤에서 각자 추구하는 것은 다양하겠지만, 현재 추구하는 것은 매우 한정적이다. 즉, 의사소통, 재미, 시간 때우기, 현실 도피, 내 욕구의 가감 없는 분출 시도가 대부분이다. 현실의 어려운 상황을 극복하는 체험학습이나 여행, 또는 지식의 확장과 공유보다는 그냥 노는 공간이 되고 있다. 이 속에서 즐겁게 놀다 보니 시간은 부족하고 아이들은 현실 세계에서 해야 하는 학습, 과제, 또래와의 직접적인 만남의 시간이 줄어들고 에너지 또한 고갈되고 있다는 것이 문제다.

아울러 이 속에서도 빈부의 격차가 드러난다. 아바타를 예쁘게 꾸미고 이른바 멋있게 꾸미기 위해서는 비용이 발생한다. 제페토에서 아바타를 꾸밀 구찌를 사기 위해 몇십만 원을 쓰기도 한다는 말을 심심찮게 듣는다. 물론 이를 극복하기 위해 학급 운영에서 이 플랫폼을 쓴다면, 아이들과 협의하여 우리 반만의 유니폼을 정해서 입고 온라인 등교를 할 수도 있다. 이 순간 이미 아이들은 자유를 침범당했다고 느낄 가능성이 있다. 그래서 학교용 아바타와 다른 공간을 오가는 아바타 등 다양한 아바타를 만들 가능성도 있다. 본캐와 부캐처럼 이제 '나'라는 존재는 하나가 아닌 다양한 모습으로 다양한 공간에서 다양하게 활동하며 분열을 시작하고 있다.

'썸머워즈'호소다 마모루, 2009라는 일본 애니메이션이 있다. 가상의 공간에서 전 세계의 다양한 아바타가 모여서 이 아바타들을 모두 잡아먹는 또 다른 존재에 맞서 공간을 지키는 모습이 매우 생생하고 의미 깊었다. 그 속에서도 서로 희생하고, 정의롭게 행동하며 배려하는 부류와 반대로 폭력적으로 갈취하는 부류가 있다. 현실의 세계는 그대로 가상의 세계에도 복제되는 것이다.

그렇다면, 현실 공간과 가상 공간에서 융합적으로 만나는 이 시대에 우리가 아이들에게 가르쳐야 할 것은, 모두 같지 않을까? 오히려 체면이나 수치심 때문이 아니라, 진정한 인간다움의 교육, 존재의 교육이 더 필요해지는 것은 아닐까? 어쩌면 아이들이 유튜브나 메타버스 등 온라인 세계에 몰두하는 것은, 말초적인 재미를 위해서가 아니라, 상호작용과 소통을 위한 사회적인 존재로서의 더 깊은 욕구 때문이 아닐까도 생각해 본다. 이런 관계에 대한 바람을 현실에서든 온라인에서든 긍정적으로 시작하고 맺고, 유지하도록 오프라인의 교사들이 안내해야 할 것이다.

4학년 인성 수업 소감문

소감 1.

4학년의 나를 돌아볼 수 있었고, 여러 가지 문제에 대한 해결 방안을 제시할 수 있었으며, 그로 인해 친구들과의 문제를 해결할 수 있었다. 기억에 남는 회차는 4차시, 7차시다. 4차시는 평소에 할 수 있을 만한 현실적인 문제여서 해결 방안을 찾으니까 속이 시원했고, 7차시는 내용 중 할머니가 "그럼 처 잡쉈다고 하냐?"라는 대사가 웃겨서 기억에 남는다. 친구들과 웃고, 고민하고 해결하니깐 좋다.

소감 2.

나는 첫 번째 시간이 가장 재미있었다. 왜냐하면 우리 반 친구들에 대해서 잘 안 것 같고, 특히 '이웃을 사랑합니까'라는 놀이가 재미있었기 때문이다. 또 이것을 통해 미덕도 많이 알아본 것 같고, 친구들의 성격, 특징을 안 뜻깊은 시간인 것 같다. 그리고 내가 책을 많이 못 읽었는데, 이렇게 새로운 책을 읽게 되어서 좋았다.

소감 3.

저는 《아기 늑대 세 마리와 못된 돼지》, 《폭풍우 치는 밤에》라는 책이 마음에 들었습니다. 《아기 늑대 세 마리와 못된 돼지》는 배심원 역할이라 판결하는 게 재미있었고, 《폭풍우 치는 밤에》는 작가로 뽑혀서 답을 해 주는 것이 재미있었습니다. 그리고 이번 4학년이 2학년, 3학년보다 더 재미있는 활동을 많이 한 것 같고, 수호천사마니토를 해서 아주 재미있었습니다. 또, 2학년, 3학년보다 더 생각을 많이 하게 된 활동이 많았습니다. 5학년 때도 선생님을 만나서 재미있는 활동을 하고 싶습니다. 선생님, 사랑합니다!! 내년에도 선생님과 수업을 하고 싶습니다!

소감 4.

4학년 인성교육 1차시부터 9차시까지 이보경 선생님께서 열정적으로 열심히 가르쳐 주셔서 제 마음의 별이 반짝반짝 빛나게 해 주셔서 감사했습니다. 가장 재미있었던 활동은 '마니토' 활동이고 선물을 주고받으며 서로를 더 자세히 알게 되어서 재미있었습니다. 앞으로 인성교육을 생각하며 열심히 살겠습니다.

소감 5.

선생님, 4학년 인성교육 동안 정말 감사했습니다 저는 3차시 《낱말 공장 나라》 때 사고 싶은 말, 내가 가장 듣기 싫은 말, 내가 가장 듣고 싶은 말을 적는 활동이 제일 재미있었어요. 2학기에는 만나지 못한다는 게 정말 슬프고 아쉬워요. 5학년 때는 더욱 자신감 있는 ○○이가 되도록 노력하겠습니다. 선생님, 정말 감사하고, 앞으로 배려, 감사, 유연성, 창의성, 결의, 봉사, 이상 품기, 책임감, 겸손, 인내, 청결, 친절, 협동, 헌신, 진실함, 용서, 용기, 예의, 열정 등을 생각하도록 노력하겠습니다. 감사합니다!

소감 6.
수석 선생님과 공부를 해서 엄청 재미있었고 특히 《아기 늑대 세 마리와 못된 돼지》를 읽은 다음 재판을 할 때 내가 검사여서 여러 가지로 말하고 되받아치는 게 엄청나게 재미있었다. 그리고 마니토 활동도 하니 우정이 생기고 마니토를 밝힐 때 긴장되고 놀랐다.

4학년 인성 교육에서, 가장재미있었던, 것은, 처음시간이 었다. 왜냐하면, 4명의 친구와 만나서, 물어보고, '당신의 이웃을 사랑합니까?' 놀이가 가장재미있었다! 그리고, 동화에서는, '샌드위치 바꿔먹기'

였다! 이유는, 세계 각국에서, 문화와 음식 교류하기를 하였기 때문이다. 그리고, 인성 교육을 하면서, 나의 마음과, 다짐을 알게 되었다. 그리고, 선생님께! "선생님! 5학년 때 안나요♡"

내가 가장 마음에 들고 재미있었던 책은 '내 탓이 아니야'다. 왜냐하면 한 친구를 괴롭히고 때리고 자신의 잘못을 회피하는 것이 꼭 우리 사회 같았기 때문이다. 우리 사회는 살인이나 학교폭력, 성폭력 등등 우리 사회가 뒤죽박죽하다. 나는 나중에 꿈이 배우이기 때문에 사회에 대해서 더 잘 알고 싶다. 그런데 '내 탓이 아니야'를 읽고 학교폭력, 즉 우리 사회에 대해서 더 잘 알게 되었다. 지금 우리 풍산초등학교에서도 학교폭력이 일어나고 있을지도 모른다. 만약 내가 선관위장이 된다면 우리 학교의 학교폭력 예방을 하고 싶다. 우리 사회는 지금 생명이 없어지고, 마음의 상처를 받는 사람이 많이 있다. 나는 내가 컸을 때 이런 문제가 다 없어지고 스트레스 받지 않는 사회, 행복한 사회, 그런 사회가 되었으면 좋겠다. 5학년 때는 더욱 심히 공부할 거다. 인성선생님, 사랑해용♡

활동지

4학년을 위한 인성 수업

우정 수업 활동지

'마음별 두드림'의 뜻

내 마음 속에는 원래 신이 주신 선한 별이 있습니다.
그 별은 그냥 놔두면 흐릿해지거나
죽어서 사라질 수도 있고,
블랙홀이 되어 다른 별까지 죽게 할 수도 있지요.

따라서 내 마음의 별을 항상 살펴보면서
나의 별이 반짝반짝 빛나도록 닦아야 합니다.

인성 시간을 통하여 마음별이 반짝이는 사람들을 만나고,
그 사람들의 자취를 따라가는 깨어 있는 별이 되도록
함께 노력해 봅시다.

나의 반짝이는 마음 별로
나도 주위도 행복하게 만들어 봐요~

보경쌤 말씀

미덕의 보석들

감사	배려	유연성	창의성
결의	봉사	이상 품기	책임감
겸손	사랑	이해	청결
관용	사려	인내	초연
근면	상냥함	인정	충직
기뻐함	소신	자율	친절
기지	신뢰	절도	탁월함
끈기	신용	정돈	평온함
너그러움	열정	정의로움	한결같음
도움	예의	정직	헌신
명예	용기	존중	협동
목적의식	용서	중용	화합
믿음직함	우의	진실함	확신

나의 버츄 노트

날짜	뽑은 덕목	실천 계획	실천정도 (◎, ○, △)

나? 나!

날짜	주제
	1. 나의 꿈
	2. 내가 태어난 달과 좋아하는 색깔
	3. 내가 존경하는 사람
	4. 내가 되고 싶은 동물
	5. 나의 소원
	6. 내가 좋아하는 친구의 모습
	7. 내가 여행하고 싶은 나라
	8. 내가 추천하고 싶은 책
	9. 내가 되고 싶은 사람

보경쌤 말씀	

4학년 마음별 두드림 시간에 배우는 것

회차	영역	활동명	비고
1	친구 (시작)	서로 친해져요	서로 소개하기 이웃 사랑 게임
2	친구 (편견 극복)	누구나 친구가 될 수 있다!	《폭풍우 치는 밤에》 인터뷰 활동 수호천사 정하기
3	친구 (배려의 말)	말과 마음	《낱말 공장 나라》 아름다운 말의 소중함 듣고 싶은 말
4	친구 (사려의 말)	사실과 진실사이	《나는 사실대로 말했을 뿐이야》 사려 있는 말
5	친구 (소외된 친구1)	괴롭힘을 당할 만한 친구가 있는가?	《내 탓이 아니야》 토의하기 괴롭힘 예방 방법
6	친구 (소외된 친구2)	나도 이유가 있다고!	《아기늑대 삼형제와 못된 돼지》 모의법정 활동
7	가족 (진실한 가족애)	가족이란?	《멀쩡한 이유정》의 〈할아버지 숙제〉편 가족에 대한 이해
8	친구 (다양성 이해)	나와 다른 사람들	《샌드위치 바꿔 먹기》 관용의 실천
9	친구 (우의)	서로의 수호천사 되기	수호천사 밝히기 칭찬 팔찌 전달하기
10	친구 (우의)	진정한 우정	《여우》 친구를 사귀는 올바른 방법 우정과 괴롭힘 사이

1차시	학습주제	서로 친해져요
	학습문제	게임을 통해 서로 친해져요.

활동1. 우리 서로 소개해요

(   )초등학교 (   )학년 (   )반 이름:

난, 이런 사람입니다~!

나의 이름은

나의 흥미(좋아하는 거),
특기(잘하는 거)
내가 좋아하는 것은
내가 잘하는 것은

나의 현재 감정은

내가 고치고 싶은 점

내가 만난 친구들 사인(이름) 받기

새 학년이 되어 나의 목표는

활동2. 친구와의 합 맞추기

나와의 인터뷰 (질문에 답을 쓰세요)		유유상종 (같은 답을 쓴 친구 이름 쓰기. 없으면 말고):
1. 사과가 좋아 배가 좋아?	( )	
2. 맑은 날이 좋아 흐린 날이 좋아?	( )	
3. 피자가 좋아 치킨이 좋아?	( )	
4. 세종대왕이 좋아 이순신 장군이 좋아?	( )	
5. 블랙핑크가 좋아 BTS가 좋아?	( )	
6. 게임이 좋아 유튜브가 좋아?	( )	
7. 좋아하는 과목은?	( )	
8. 산이 좋아 바다가 좋아?	( )	

활동3. '이웃을 사랑합니까'

1. 둥그렇게 앉습니다.

2. 술래가 한 사람에게 다가가 '당신의 이웃을 사랑합니까'라고 물어봅니다.

3. 질문받은 사람이 '예'라고 대답하면 양 옆에 앉은 두 사람만 자리를 바꿉니다. 이때 술래는 자리가 나는 순간 얼른 앉아야 합니다.

4. 질문받은 사람이 '아니오'라고 대답하면, '어떤 이웃을 좋아합니까?'라고 묻습니다. 그럼 질문받은 사람이 자리를 바꿀 사람을 큰 소리로 말합니다. (예: 성이 '이 씨'인 사람이요, 양말이 흰색인 사람이요, 등등….)

5. 질문받은 사람이 말한 내용에 해당하는 사람은 자기 자리가 아닌 다른 자리로 이동해서 앉아야 합니다. 이때 술래도 얼른 자리를 차지해야 합니다. 자리를 차지하지 못한 사람이 술래가 되고 2~5회 반복합니다.

활동 후 소감	스스로 평가해 봐요
	게임에 즐겁게 참여하며 나를 적극적으로 소개하였나요? (스스로 평가하여 ○표 하세요) 매우 그렇다　　　　（　） 그렇다　　　　　　（　） 보통이다　　　　　（　） 아니다　　　　　　（　） 모르겠다　　　　　（　）

메모 1	메모 2

2차시	학습주제	누구나 친구가 될 수 있다!
	학습문제	친구들을 대할 때 차별하지 않고 평등하게 대하는 마음

활동1. 질문 만들기

염소에게 할 질문 만들기	
작가에게 할 질문 만들기	
작가에게 할 질문 만들기	

활동2. 뒷이야기 상상해 보기

뒤에 이어질 이야기를 상상하여 써 볼까요?

활동3. 수호천사 정하기

나의 마니토에게 앞으로 해 줄 것 5개 정하기
1.
2.
3.
4.
5.

활동 후 소감	스스로 평가해 봐요
	질문 만들기 활동, 인터뷰 활동에 적극적으로 참여하였나요? (스스로 평가하여 ○표 하세요) 매우 그렇다　　　　　(　　) 그렇다　　　　　　　(　　) 보통이다　　　　　　(　　) 아니다　　　　　　　(　　) 모르겠다　　　　　　(　　)

메모 1	메모 2

3차시	학습주제	말과 마음
	학습문제	말의 소중함과 말을 할 때 조심할 점 이해하기

활동1. 등장인물의 심정 이해하기

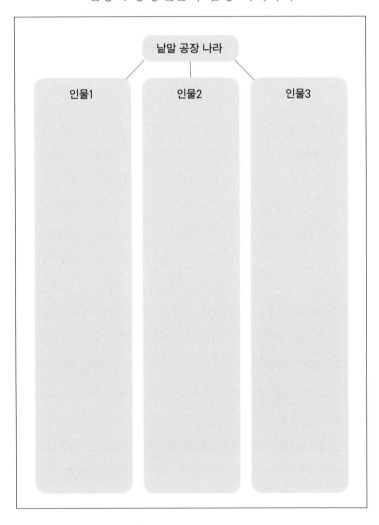

낱말 공장 나라

인물1　　　인물2　　　인물3

활동2. 내 마음속 말, 말, 말

낱말 공장 나라에서 사고 싶은 말	1.
	2.
	3.
내가 가장 듣기 싫은 말	1.
	2.
	3.
내가 가장 듣고 싶은 말	1.
	2.
	3.

활동 후 소감	스스로 평가해 봐요
	말을 할 때 조심할 점을 이해하고 고운 말 쓰기를 실천하려는 마음이 생겼나요? (스스로 평가하여 ○표 하세요) 매우 그렇다　　　　　(　　) 그렇다　　　　　　　(　　) 보통이다　　　　　　(　　) 아니다　　　　　　　(　　) 모르겠다　　　　　　(　　)

메모 1	메모 2

4차시	학습주제	사실과 진실 사이
	학습문제	배려의 말의 필요성과 실천의 마음 갖기

	• 활동하기 전에 거짓말에는 빨간 거짓말과 하얀 거짓말이 있지요. - 거짓말: 남을 속이는 것 - '빨간 거짓말': 자신이 이득을 취하려는 나쁜 거짓말. 　남에게 해를 끼치는 나쁜 거짓말. - '하얀 거짓말': 남에게 해를 끼치지 않는 거짓말. 타인 　을 배려하는 거짓말. 유머.
사실대로 말하 는 것이 무엇일 까요?	

활동1. 그 사람은 왜 기분이 나빴을까요?

루시	
윌리	
데이지, 찰세터, 토머스	
터셀베리	

212

※ 인터뷰 활동 준비

활동2. 주인공에게 충고의 편지 쓰기

주인공인 리비에게 진심과 존중의 마음으로 충고의 편지를 써 봅시다.

발전 생각	스스로 평가해 봐요
하얀 거짓말은 해도 되는가?	질문 만들기 활동, 인터뷰활동에 적극적으로 참여하였나요? (스스로 평가하여 ○표 하세요) 매우 그렇다　　　　(　　) 그렇다　　　　　　(　　) 보통이다　　　　　(　　) 아니다　　　　　　(　　) 모르겠다　　　　　(　　)

5차시	학습주제	괴롭힘을 당할 만한 친구가 있는가?
	학습문제	괴롭힘의 의미를 이해하고 친구를 존중하고 배려하는 마음 갖기

활동 1. 엄마와 인터뷰하기

 이야기 속 사건을 들으며 누구의 탓인지 적어 봅시다. 왜 그렇게 생각하는가요?

- 누구의 탓?

- 이유는?

활동 2. 장난과 괴롭힘의 차이

어떤 아이가 한 친구를 괴롭힙니다. 그런데 그 친구는 그것이 장난이라고 합니다. 이 친구에게 '그것은 장난이 아니고 괴롭힘이야!'라고 설득할 기준은?

1.

2.

3.

활동3. 이런 친구가 있다면

이야기 속 아이가 우리 반 아이라면 어떻게 하겠나요?

활동4. 함께 토의하기

'이 세상에는 괴롭힘을 당할 만한 행동을 하는 사람이 있는가?'	
토론 전 나의 생각	
토론 후 나의 생각	

메모	스스로 평가해 봐요
	열심히 생각하며 토론에 적극적으로 참여했나요? (스스로 평가하여 ○표 하세요) 매우 그렇다　　　　（　） 그렇다　　　　　　（　） 보통이다　　　　　（　） 아니다　　　　　　（　） 모르겠다　　　　　（　）

6차시	학습주제	나도 이유가 있다고!
	학습문제	친구 관계에서 발생하는 오해를 알고 풀 방법

《아기 늑대 세 마리와 못된 돼지》
이야기를 만나면서 재미있었거나 마음에 남는 것은?

활동1. 모의법정

※ 피고 돼지를 아기 늑대 삼형제를 괴롭힌 죄로 처벌을 해야 한다.

검사 팀	변호인팀
주장: 돼지는 용서받을 수 없다. 따라서 돼지는 처벌을 받아야 한다.	주장: 돼지의 행동은 정당하다. 돼지의 행동은 돼지만의 문제가 아니다.
이유1:	이유1:
이유2:	이유2:
이유3:	이유3:
배심원 판결	
판결! 돼지는 죄가 (있다, 없다). 왜냐하면 따라서, 　　　　　　　　　　　　　　하도록 판결을 내립니다.	

활동2.

돼지에게	늑대 삼 형제에게

메모	스스로 평가해 봐요
	열심히 생각하며 토론에 적극적으로 참여했나요? (스스로 평가하여 ○표 하세요) 매우 그렇다　　　　　　(　　) 그렇다　　　　　　　　(　　) 보통이다　　　　　　　(　　) 아니다　　　　　　　　(　　) 모르겠다　　　　　　　(　　)

7차시	학습주제	가족이란?
	학습문제	가족에 대한 이해와 사랑이 무엇인지 이야기 나누기

 미리 읽어 보았어요.
《멀쩡한 이유정》의 〈할아버지 숙제〉편을 읽고 드는 생각은?

활동1. 함께 이야기하기

모둠 친구들과 이야기를 나누어 봅시다.(간단히 쓰고 이야기 나누기)
나눔1. 이야기의 어느 부분이 가장 재미있는가?   -나의 의견: -마음에 남는 친구 의견:
나눔2. 할머니의 솔직한 불만 이야기에 대한 아버지의 반응에 대해서 어떻게 생각하는가?   -나의 의견: -마음에 남는 친구 의견:
나눔3. 내가 주인공이라면 숙제를 어떻게 하겠는가?   -나의 의견: -마음에 남는 친구 의견:

활동 2. 가족이란?

가족이란 (   )이다.
왜냐하면,

활동 3. 우리 가족에 관하여

누구	좋은 점	바뀌었으면 하는 점
나		

나의 가족이 가끔은 서운하고 가끔은 이해할 수 없지만 여전히 사랑한다.
왜냐하면,

메모	스스로 평가해 봐요
	열심히 생각하며 토론에 적극적으로 참여했나요? (스스로 평가하여 ○표 하세요) 매우 그렇다　　　　　(　) 그렇다　　　　　　　(　) 보통이다　　　　　　(　) 아니다　　　　　　　(　) 모르겠다　　　　　　(　)

8차시	학습주제	나와 다른 사람들
	학습문제	친구들의 다양함을 이해하는 마음과 태도 갖기

미리 생각해 봅시다.
'샌드위치를 바꿔 먹는다'는 것은 무엇일까?

활동1. 질문 만들기

질문을 만들어 봅시다.
질문 1.
질문 2.
질문 3.

활동2. 좋은 질문 뽑기

※ 친구들과 의논하여 좋은 질문을 뽑아 봅시다.

뽑은 질문:

뽑은 질문에 대한 나의 생각	뽑은 질문에 대한 모둠 친구의 생각 (간단하게 요약해서 쓰기)
	친구1 의견:
	친구2 의견:
	친구3 의견:

활동 후 소감	스스로 평가해 봐요
	열심히 생각하며 토론에 적극적으로 참여했나요? (스스로 평가하여 ○표 하세요) 매우 그렇다　　　　　(　) 그렇다　　　　　　　(　) 보통이다　　　　　　(　) 아니다　　　　　　　(　) 모르겠다　　　　　　(　)

메모 1	메모 2

9차시	학습주제	서로의 수호천사 되기
	학습문제	수호천사, 칭찬 샤워 활동을 하며 친구들과 친해지기

활동1. 나의 수호천사는 누구?

1. 선생님이 주는 공을 받는 사람이 자신의 수호천사일 것 같은 사람을 지목합니다.

2. 지목된 사람은 지목한 친구의 수호천사가 맞으면 큰 하트 표시, 아니면 작은 하트 표시를 합니다.

3. 서로 짝을 찾으면 옆에 앉습니다.

4. 수호천사에게 고마웠다고 말합니다.

나의 수호천사에게 하고 싶은 말 (고마웠던 점 등등)	
수호천사 활동을 하면서 느낀 점	

활동2. 칭찬 샤워 활동하기

내 친구의 좋은 점을 찾아 주어요. (칭찬에는 외모, 재능, 능력, 노력하는 점, 성격 등 많습니다)
친구1 (   ):
친구2 (   ):
친구3 (   ):

활동 후 소감	스스로 평가해 봐요
내가 가장 마음에 드는 칭찬은, 칭찬이다. 왜냐하면,	열심히 생각하며 토론에 적극적으로 참여했나요? (스스로 평가하여 ○표 하세요) 매우 그렇다 ( ) 그렇다 ( ) 보통이다 ( ) 아니다 ( ) 모르겠다 ( )

4학년 인성교육 소감	메모

10차시	학습주제	진정한 우정
	학습문제	친구를 사귀는 올바른 방법, 우정과 괴롭힘 사이

활동1. 친구에도 종류가 있어요

같은 반 친구이지만 얼굴과 이름만 아는 정도,
오가며 만나는 친구

아는 이

주로 공동의 흥미를 가지고 있고, 함께 공부하거나 노는 사이이지만
친하게 배려하지는 않는 친구, 친하다는 느낌 정도의 친구

공일이

친한 이

어느 정도 내 마음을 털어 놓을 수 있고,
공동의 관심사가 있으며
친밀감을 느낄 수 있는 친구

끈끈이

거의 매일 만나거나 연락하며
내 느낌과 생각을 언제라도 말할 수 있고
서로 배려해 주는 절친.
어려운 일을 상의할 수 있고,
10명 친구와도 바꿀 수 없는 친구

나의 친구 그림	아는 이:
	공일이:
	친한 이:
	끈끈이:

활동2. 친한 이, 끈끈이를 만드는 방법

아는 이와 공일이 친구들을 친한 이와 끈끈이로 만들려면 노력이 필요해요. 각 실천 방법을 짝과 의논하여 써 봅시다.

1. 친구 배려하기 :

2. 친구가 싫어하는 장난 하지 않기 :

3. 실수에 대해서 용기 있게 사과하기 :

활동3. 우정과 괴롭힘을 구별해요

〈포돌이와 어린이 수사대〉의 '은근한 따돌림' 동영상을 보면서 생각해 봅시다.

세 학생은 진정한 친구가 맞나요?

이런 일을 겪는 친구에게 어떻게 말해 주고 싶은가요?

진정한 우정이란 무엇일까요?

스스로 평가해 봐요	메모
열심히 생각하며 토론에 적극적으로 참여했나요? (스스로 평가하여 ○표 하세요) 매우 그렇다　　　( ) 그렇다　　　　　( ) 보통이다　　　　( ) 아니다　　　　　( ) 모르겠다　　　　( )	4학년 전체 친구들 아는 이 　4학년 반 친구들, ○○학원 친구들 공일이 　　김○○, 이○○…… 친한 이　끈끈이 　　　정○○ 〈친구 사귀는 방법 5계명〉 1. 관심두기: 친구가 좋아하는 것? 2. 먼저 다가가기: 친절하게 인사 3. 마음 알아주기: 경청과 배려 4. 함께 나누기: 기쁨과 슬픔 5.

이 책을 선택해 주신 선생님께 감사의 말씀 드립니다.
아래의 인터넷 주소에 인성 수업을 위한 수업 녹화자료를 공유합니다.
코로나-19로 대면 수업이 어려운 상황에 도움이 되길 바랍니다.
http://cafe.daum.net/elmoco